이 책은 성찰을 통해 개인과 조직이 동시에 성장할 수 있는 구체적인 방법론을 제시하며, 리더십 분야의 다양한 이론과 실천을 종합적으로 다루고 있습니다. 저자의 풍부한 경험과 통찰은 이론에 그치지 않고 현실적인 조언으로 다가옵니다. 특히, 저자는 성찰적 리더십이 리더의 강점과 약점을 더 명확하게 인식하게 하여 리더로서 더 나은 결정을 내릴 수 있게 돕는다는 점을 강조합니다. 이는 단순히 성과를 높이는 것을 넘어, 인간적인 리더로서 조직 구성원들과 더 깊이 소통하고 장기적인 신뢰를 구축할 수 있는 토대를 마련해 줍니다.

이 책은 개인적으로 더 나은 결정을 내리고 싶어 하는 사람들, 특히 리더로서 자신과 조직을 동시에 발전시키고자 하는 사람들에게 큰 도움이 될 것입니다. 또한, 단순한 리더십 스킬을 넘어서, 자신을 돌아보고 미래를 위한 성장의 기회를 모색하는 이들에게 깊은 통찰을 제공합니다.

— **홍의숙** 인코칭 회장 · 경영학 박사,《리더의 본질》저자

12년간의 상담가 생활을 통해 4만 4천여 명의 성인들을 만났습니다. 그 과정에서 제가 배운 단 하나의 사실은, 간절함이 모든 문제를 해결해 주지는 못한다는 것입니다. 생각보다 많은 사람들이 간절함의 척도로 변화가 일어난다고 생각합니다. 그러다가 그 믿음에 반하는 결과 앞에서 세상을

KB194890

원망하거나 자신을 책망하기도 하지요. 하지만 진짜 중요한 것은 '얼마나'가 아니라 '어떻게'입니다. 문제 앞에서 자신의 변화를 어떻게 그려 가고 분석하며 디자인해 나가야 하는지, 저자는 가이드라인을 명확하게 제시합니다. 성찰이라는 단어가 가진 힘, 그리고 그 깊이를 아주 쉽고 경쾌한 언어로 풀어 낸 저자의 이야기를 만나 보세요. 어느새 나다운 성찰에 가까워질 겁니다.

— **장재열** 상담가 겸 작가, 《마이크로 리추얼: 사소한 것들의 힘》 저자

우리는 모두가 행복한 삶을 살고 싶어 합니다. 사람마다 행복에 필요한 조건에 대해 다르게 생각하겠지만, 내가 가진 물질로부터 오는 행복보다 나 스스로를 돌아보며 더 나은 사람이 되어 가는 과정을 지켜보는 것에 더 큰 행복을 느끼리라 생각합니다. 이 책은 스스로를 돌아보는 건강한 성찰이 무엇인지 그리고 어떻게 하면 건강한 성찰을 할 수 있을지를 이야기하고 있습니다. 건강한 자기 성찰을 통해 더 나은 내가 되고 더 행복한 삶을 살아가고 싶어하는 우리 모두에게 이 책을 추천합니다.

— **윤헌영** 건국대학교 수의과대학 교수

첫 장부터 마지막 장까지, 삶에 대한 저자의 따뜻하고 진지한 시선과 사람과 관계에 대한 애틋함이 전해 옵니다. 그 시선 뒤에 숨겨진 진지한 고뇌가, 우리 곁에 가까이 있으며 놓칠 수 없는 여러 가지 감정과 만나서, 맑은 수채화가 되고 세밀한 정물화가 되기도 합니다. "빨래하는 동안에는 독서가 유난히 즐겁다"라는 글처럼, 군데군데 혼자 웃고 고개를 끄덕이게 하는 이야기들은 늘 양서를 추천해 주던 책사랑꾼의 수줍은 유머 같기도 합니다. 우리 자아가 지닌 힘의 근원 가운데 하나가 성찰이라고 합니다. 우리가 일생 동안 걸어갈 자아 성장의 여정에서 성찰을 통해 잘 있나 물으며 끊임없이 깨어 있기 위한 이론과 기법을 제공해 주는, 착하고 겸손한 가이드를 만나게 되어 참 반갑고 감사합니다.

— **이강란** 창신 CTO(Chief Talent Officer)

성장의 욕구나 인정받고자 하는 바람이 사람이든 기업이든 동일하게 있는 듯합니다. 기업을 경영하면서 가장 힘든 일이, 나의 경우에는 직원과의 소통입니다. 각자의 생각이 다르고, 일하는 방법에 차이가 있으며, 하는 일도 상이합니다. 천인천색이요 만인만색입니다. 하나의 정답을 찾는 것은 고통스럽습니다. 《마음의 레버리지》는 저자의 따뜻한 마음이 느껴지는 내용으로 가득 차 있습니다. 다양하고 치열한 경쟁 환경에서 일과 삶의 균형을 찾고자 하는 기업과 개인이 새로운 통찰과 배움을 얻기를 바라며 이 책을 권합니다.

— **한창수** 세인플렉스 대표이사

녹록치 않은 현실 속에서 오랜 세월 변함없이 오직 자신의 의지로 한 걸음 한 걸음 묵묵히 걸어가는 수도자의 향기를 내뿜는 이는 흔치 않습니다. 오랜 기간 우리 회사 직원들의 리더십 코칭을 맡아 온 저자의 신간을 보니, 마치 연필로 한 자 한 자 꾹꾹 눌러 쓴 듯 사람 냄새가 납니다. 겉보기에는 화려하지만 막상 알맹이는 없는 책이 난무하는 세상에서, 마치 내가 쓴 것처럼 친근하면서 의미 있는 내용으로 가득 찬 글들이 가을날의 선물처럼 다가옵니다. 홀로 차 한 잔 마시며 아무 데나 펴 읽어도 가만가만 고개가 끄덕여지는 글에서 저자의 내공이 오롯이 느껴집니다.

— **박세진** 리가켐바이오사이언스 CFO

마음의 레버리지

마음의

더 나은 나를 위한
성찰의 기술

레버리지

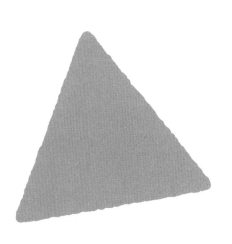

온담북

차례

2부 성찰의 실천

서문

　하루가 다르게 수많은 변수가 생기고 사람들은 안정을 찾지 못하며 어려움을 느끼고 있는 시대입니다. 그 누구도 답을 줄 수 없고, 정답이 있다고 할 수 있는 문제는 너무도 적습니다. 우리가 처한 대부분의 고민은 답이 없는 상황입니다. 이런 상황에서 리더는 리더대로, 구성원은 구성원대로 서로가 힘들어하고 있습니다.

　정답을 줄 수는 없어도 누군가 힘들어할 때 작은 레버리지(지렛대)라도 작동하면 훨씬 쉽게 어려움을 딛고 일어설 수 있고, 문제를 해결해 나가는 과정에서 성장을 경험할 수 있을 것입니다. 32년을 리더십 분야에서 일을 하면서 느끼는 것이 있습니다. 누구도 문제에서 자유로울 수는 없으나 어떤 상황에서나 자기를 살피고 중심을 잘 지키는 사람은 문제 해결의 레버리지가 되고 환영받는 존재가 된다는 사실입니다.

심리학 박사이자 20년 이상 현장에서 비즈니스 코치와 강사로 활동해 온 실행가인 저자는, 자기 자신을 성찰하고 이를 바탕으로 일과 인간관계에서 더 나은 선택을 하며, 궁극적으로는 보다 만족스러운 삶을 영위하는 방법을 제시합니다. 또한 급변하는 현대 사회에서 개인과 조직의 리더들이 성공적으로 변화와 성장을 이끌기 위해 필수적으로 배워야 할 '성찰적 리더십'에 대해 진솔하고도 따뜻한 응원의 목소리로 이야기합니다.

책의 핵심 개념은 '성찰'(reflection)입니다. 성찰은 자신을 돌아보고 현재 상황을 객관적으로 평가하며, 감정, 사고, 행동을 이해하고 변화시키는 과정입니다. 저자는 성찰이 단순히 자기를 돌아보는 시선이 아니라, 통찰을 얻고 피드백 시스템으로 작용하여 보다 깊이 있는 자기 이해와 성장의 촉매제로 작용한다고 설명합니다. 특히, 리더십에서 성찰은 매우 중요합니다. 리더는 복잡한 문제 속에서 결정을 내리고 다른 사람들을 이끌어야 하는데, 성찰을 통해 자신의 행동과 감정을 이해하고 조절할 수 있으며, 빛나고 유연한 정신을 유지하여 상황을 더욱 넓고 깊게 바라볼 수 있기 때문입니다.

책은 크게 세 부분으로 나뉩니다. 첫 번째 부분에서는 성찰의 중요성과 개념적 기초를 다룹니다. 여기에서는 성찰의 필요성과 성찰을 통해 얻게 되는 개인적·조직적 변화에 대해 논의합니다. 저자는 성찰적 리더십이 단순한 문제 해결 능력을 넘어, 자기 인식을 높이고 리더 자신과 조직 모두의 지속 가능한 성장을 이끌어 내는 힘이 있음을 강조합니다. 또한 성찰이 리더십을 향상시키는 도구로 어떻게 활용될 수 있는지 구체적인 사례를 통해 보여 줍니다.

두 번째 부분에서는 성찰을 실천할 수 있는 다양한 도구와 방법론을 소개합니다. 이 과정에서 저자는 자신이 직접 개발한 성찰 훈련 리추얼과 다양한 심리학적 기법을 기반으로 한 실천적 조언을 제공합니다. 예를 들어, 일상적인 성찰 습관을 기르는 방법, 피드백을 효과적으로 활용하는 기술, 문제 상황에서 감정에 휘둘리지 않고 명확하게 대응하는 방법 등이 포함되어 있습니다. 이 부분은 단순한 이론적 설명에 그치지 않고 독자들이 실제로 성찰을 실천할 수 있도록 돕는 매우 구체적인 방법론을 제시합니다.

세 번째 부분에서는 성찰하는 조직이 얻게 되는 장기적인 성과와 그 효과를 다룹니다. 성찰을 통한 개인의 변화가 조직 내에서 어떤 방식으로 나타나는지, 그리고 리더의 변화가 조직 구성원들의 동기 부여와 성과에 어떤 영향을 미치는지 다각도에서 분석합니다. 저자는 성찰적 리더십이 직원들의 자발적 참여와 창의성을 이끌어 내고, 이를 통해 조직 전체의 성과와 혁신을 촉진하는 원동력이 된다고 주장합니다. 또한 성찰적 리더가 조직 내에서 어떻게 신뢰와 존경을 받을 수 있는지 구체적인 예시와 함께 설명합니다.

이 책은 성찰을 통해 개인과 조직이 동시에 성장할 수 있는 구체적인 방법론을 제시하며, 리더십 분야의 다양한 이론과 실천을 종합

마음의 레버리지

적으로 다루고 있습니다. 저자의 풍부한 경험과 통찰은 이론에 그치지 않고 현실적인 조언으로 다가옵니다. 특히, 저자는 성찰적 리더십이 리더의 강점과 약점을 더 명확하게 인식하게 하여 리더로서 더 나은 결정을 내릴 수 있게 돕는다는 점을 강조합니다. 이는 단순히 성과를 높이는 것을 넘어, 인간적인 리더로서 조직 구성원들과 더 깊이 소통하고 장기적인 신뢰를 구축할 수 있는 토대를 마련해 줍니다.

이 책은 개인적으로 더 나은 결정을 내리고 싶어 하는 사람들, 특히 리더로서 자신과 조직을 동시에 발전시키고자 하는 사람들에게 큰 도움이 될 것입니다. 또한, 단순한 리더십 스킬을 넘어서, 자신을 돌아보고 미래를 위한 성장의 기회를 모색하는 이들에게 깊은 통찰을 제공합니다.

마지막으로, 독자들에게 하고 싶은 말은, 이 책이 단순한 이론서가 아니라는 점입니다. 저자가 20년 넘게 쌓아온 리더십 코칭 경험과 최신 심리학 연구, 그리고 실제 사례들이 녹아 있어, 독자들이 이론을 넘어서 실천적인 성찰 훈련을 경험하도록 돕습니다. 매일 바쁜 일상 속에서도 이 책을 통해 '스마트하게 성찰하는' 시간을 가지면, 자신만의 리더십을 발견하고 더 나은 결정을 내리며, 궁극적으로 더 행복한 삶을 살아갈 수 있을 것입니다.

지금 이 책을 읽으면서 자신만의 성찰적 리더십을 시작해 보십시오. 성찰을 통해 당신은 지금보다 나은 선택을 할 수 있을 것이며, 이는 개인의 성장만이 아니라 당신이 속한 조직과 주변 사람들에게도

큰 영향을 미치게 될 것입니다. 이 책이 당신의 성찰적 리더십 여정
에 있어 훌륭한 동반자가 되어 줄 것입니다.

홍의숙 인코칭 회장·경영학 박사,《리더의 본질》저자

프롤로그

자기를 돌아보며 남보다는 자기를 비판하고 타인에게 피해를 주지 않기 위해서 매사에 조심하고 생각이 많은 사람이 있습니다. 반면에 자기의 말과 행동이 다른 사람에게 어떤 영향을 주는지 별로 신경을 쓰지 않고 자기가 하고 싶은 대로 말하고 행동하는 사람도 있습니다. 이들 중에서 누가 더 인생을 잘 살까, 어떤 사람이 더 행복할까 하는 궁금증이 생겼습니다. 아무래도 남의 눈치 안 보고 자기가 내키는 대로 마음껏 사는 사람이 꼬인 것 없이 행복하게 잘 살 것 같다는 생각도 들었습니다.

이런 생각을 하며 조금 억울했습니다. 스스로 돌아보며 반성하고 남의 눈치도 살피고 절제하며 애쓰는 사람이 더 잘되고 행복해야 하는 것 아닌가요. 심증으로만 단정짓지 말고 직접 확인해 보고 싶었습니다. 그래서 감정, 생각, 자기 조절 등에 관한 논문이나 단행본 같은 관련 자료를 찾아 읽었습니다. 그 과정에서 자기를 돌아보는 사람이 직장에서 더 유능하며 일상에서 더 행복한 삶을 살 수 있다는 확신을 얻었습니다.

직장에서는 여러 사람을 곤란하게 하는 사람의 대표적인 특징으로 자기 인식의 부족을 언급합니다. 자기를 객관적으로 바라볼 수 없는 사람, 자기의 생각을 들여다볼 줄 모르고 자기 생각을 객관적으로 인식하지도 알지도 못한 채 자기의 감정과 생각으로 세상을 보는 리더는 같은 실수를 반복하고 고집하며 변하거나 성장하지 못합니다.

직장에서는 팀으로 일하는 능력과 태도를 매우 중요하게 여깁니다. 직장 내에서의 일 대부분 혼자서 해결할 수 있는 성질의 것이 아니기 때문입니다. 일상도 그러해서 고립되어 사는 사람보다 더불어 사는 사람들이 훨씬 건강하고 행복합니다. 인생살이는 독창이 아닌 합창입니다. 훌륭한 합창 단원들은 다른 사람들의 소리에 귀 기울이며 자기 소리를 조절하여 아름다운 화음을 만듭니다. 함께 있고 싶은 사람들이 보이는 공통점은, 자기를 돌아볼 줄 알고 타인을 배려하는 넉넉하고 유연한 마음 공간을 가지고 있다는 것입니다.

자기를 돌아보고 내다보며 통찰을 얻어 자기를 변화시키는 마음 활동을 '성찰'이라고 합니다. 성찰하는 사람이 더 유능하고 행복하다는 주장을 검증하기 위해 800여 명의 사람들로부터 설문조사를 통

16

마음의 레버리지

해 의견을 들었습니다. 성찰하는 사람이 더 유능하고 행복할 것이라는 가설을 세우고, 왜 그러할지를 탐색하였습니다. 성찰이 우리의 행복에 영향을 미치는 방식은 사람마다 다를 수 있고 여러 이유가 있겠으나, 작동 원리를 일반화하여 일정한 규칙을 찾을 수 있지 않을까 하는 호기심을 가지고 응답 결과를 분석했습니다.

신중한 준비 작업을 마치고 드디어 통계 프로그램을 돌리고 첫 데이터를 보았을 때 적잖이 당황하였습니다. 더 자주 더 많이 성찰하는 사람이 더 행복할 것이라는 가설이 기각되었기 때문입니다. 성찰하는 행동은 행복과 직접적으로는 긍정적인 관련이 없다는 결과가 도출되었습니다. 성찰을 더 자주 많이 한다고 해서 더 행복하지는 않다는 결과에 저는 매우 낙심하였습니다.

하지만 성찰이 행복에 이르는 경로를 분석하는 과정에서 매우 중요한 통찰을 주는 결과를 발견하였습니다. 성찰 자체가 중요한 것이 아니고 성찰하는 방법이 중요하다는 것입니다. 어려운 일을 겪거나 불확실성으로 인해 불안과 걱정이 증가하면 우리는 자연스럽게 이런저런 고민에 빠집니다. 그런 상황에서는 누구라도 자기를 돌아보게 됩니다. 이때 고민한다는 것은 비슷하지만 관점과 방법은 달랐습니다. 대개 두 부류로 나뉘었습니다.

한 사람은 고민에 머물러 있습니다. 그저 후회만 하며 감정의 영향을 그대로 받은 채 행동합니다. 자동적이고 반복적으로 자기 감정에 집중하며 그 감정에 붙들려 있는 행동은 감정적 어려움을 가중하고 자의식을 심화시킵니다. 이런 부정적인 사이클은 결국 건강과 인간관계에 안 좋은 결과를 가져옵니다.

다른 한 사람은 고민의 자리에서 일어나 자기를 들여다봅니다. 자신이 효과적으로 변화하고 성장하겠다는 의도와 목적을 가지고 자기를 성찰합니다. 지금 경험하고 있는 사건과 자기의 감정이 무엇을 의미하는지 이해하려고 노력합니다. 상황과 자신을 면밀히 관찰하고 감정이 주는 이야기를 경청하며 수용합니다. 그리고 감정이 주는 충동에 휘둘리지 않고 유연하게 조절합니다. 어떤 일이 실패하면 매우 낙심되겠지만, 그런 자기의 감정을 충분히 이해하고 수용합니다. 그러고는 경험에서 새로운 것을 배우고 기분을 전환하고 새롭게 다시 시작합니다.

두 사람의 차이는 분명합니다. 목적을 가지고 성찰하는 사람이 얻는 중요한 이익은 감정 조절력이 높아진다는 점입니다. 감정적인 상태에서 중요한 결정을 하지 말라는 충고를 우리는 많이 듣습니다. 후회되는 말과 행동을 하는 것은 대부분 감정의 충동에 휩쓸렸을 때 일어납니다. 성찰이 훈련된 사람은 감정을 억누르지 않으면서 자연스럽게 조절하는 힘이 증진됩니다. 그리고 감정 조절의 결과로 자연스럽게 생각하는 능력이 향상됩니다. 인지 유연성이 증대되는 것입니다. 부정적인 감정과 기존의 생각을 고집하지 않고 전략적으로 여러 대안을 검토합니다.

우리는 생각하는 존재입니다. 우리의 뇌는 쉬지 않고 이야기를 만드는 공장과도 같습니다. 우리는 마음속으로 자신에 대한 이미지를 조작할 수도 있습니다. 그래서 어떤 행동을 취했을 때의 결과를 예상하고 어떻게 할지를 선택합니다. 과거의 경험을 기억하거나 미래의 모습을 상상하며 감정을 경험하고 조절할 수 있습니다. 바로 인간은 기본적으로 그리고 자동적으로 성찰하도록 만들어진 존재라는 말입니다.

어떤 형식으로든 성찰하지 않는 사람은 없습니다. 하지만 성찰은 일종의 능력이기도 해서, 마치 기장이 비행기를 조종하는 고도의 기술을 연마하듯이 단련하고 발전시켜야 합니다. 잘 사용하기 위해서 훈련하고 단련한 사람들은 행복한 삶을 창조하기 위한 강력한 자원이자 기술로써 성찰을 사용합니다. 성찰을 통해 감정이라는 계기판이 알려 주는 정보를 읽고 생각이라는 운전대를 움직여서 상황에 대처하고 앞으로 나아갑니다. 그러므로 성찰하는 사람은 더 유능하고 행복한 삶을 창조합니다.

책의 1부에서는 성찰에 대한 좀 더 개인적인 사색을 담은 짧은 글들로 구성하였습니다. 언제 성찰하게 되는지, 무엇을 성찰할 필요가 있는지, 어떻게 성찰하는지, 얻는 유익이나 즐거움은 어떤지, 감정이 무엇이며 어떻게 활용할 수 있는지 등에 관한 작은 성찰적 글을 모았습니다. 그리고 일상생활 속에서 성찰하는 리추얼을 만드는 방법, 인지할 수 없는 무의식의 도움을 받아서 성찰하는 꿈 해석, 상수가 되어 버린 변화에 대응하는 전략으로써 성찰 활용하기 등 요긴하게 쓸 수 있는 아이디어들도 담았습니다.

책의 2부는 학습과 성장을 위한 성찰에 관한 글을 모았습니다. 목표는 그 자체로도 힘이 있지만 피드백과 함께 작동할 때 더욱 강력해집니다. 성찰은 바로 내적 피드백 시스템입니다. 성찰을 피드백으로 활용하는 법, 인지 능력을 향상하고 유연해지는 법, 리더십을 발휘하는 법, 인간관계를 형성하고 갈등을 관리하는 법, 건강하고 유능한 조직을 만드는 법, 성과 평가 제도를 운영하는 법 등 돌아보고 내다보는 성찰 활동을 통해 성과를 창출하는 아이디어를 담았습니다.

세상과 나를 객관적으로 바라보고, 감정과 생각에 휩쓸리지 않고 오히려 유용하게 활용하려는 목적을 가지고 조절하는 것은 생각보다는 어려울 것입니다. 애덤 그랜트(Adam Grant)가《히든 포텐셜》에서 비유로 소개한 임시 구조물 비계처럼 변화를 돕는 장치와 도움이 필요합니다. 최고의 지성도 혼자서는 잠재력을 극대화하지 못합니다. 토론하는 상대방이 있을 때 더 높고 넓은 시야를 가지고 성찰할 수 있습니다.

근래에 심리상담이나 코칭에 관한 관심과 수요가 크게 늘고 있습니다. 기업에서는 핵심 인재들이 그들의 잠재력을 더욱 개발하고 감당하기 어려운 속도로 내달리는 변화에 대응할 수 있도록 지원하려는 목적으로 코치를 만나서 대화할 수 있는 기회를 제공하고 있습니다. 유료 서비스가 아닐지라도 속해 있는 조직이나 공동체의 멘토 또는 동료, 선배, 후배를 통해서 코칭 또는 상담을 받을 수 있을 것입니다.

개인 차원에서는 스스로 성찰적으로 생각하는 능력을 발전시키고, 조직 차원에서는 서로가 서로에게 성찰적 사고를 돕기 위해서 경청하고 질문하며 대화하는 코칭 스킬과 문화를 개발하는 것이 중요합니다. 우리는 철저하게 환경의 영향을 받는 존재입니다. 동시에 환경을 창조할 수 있고 환경과 상호작용 하며 살아갑니다. 성찰할 수 있기 때문입니다. 누구나 가지고 있는 성찰하는 본능과 잠재력을 묻어 두지 말고 공부하고 단련하여, 행복한 인생을 위한 가장 소중한 자원이자 스킬로 사용하는 데 이 책이 작은 도움이 되기를 바랍니다.

온수동 서재에서

김승중

1부
성찰의 설계

존재의 목적

▲

잘 지내고 있니?

'잘 지내고 있는 걸까?' 이런 질문이 마음을 노크한다면, 시간을 내어 마음의 목소리를 들어 보아야 한다. 하루하루를 열심히 살고 있다. 하지만 잘 지내고 있는지는 모르겠다. 하루를 마치며 오늘을 돌아보아도, 무엇을 어떻게 했어야 잘 살았다고 자신 있게 대답할 수 있을지 모르겠다.

나는 무엇을 모르는 걸까? 잘 산다는 것이 무엇인지를 모르는 것일까? 아니면 잘 사는 방법을 모르는 것일까? 혹시 지식의 문제가 아니라 인식의 문제일까? 그럴 수도 있다. 충분히 잘하고 있으면서도 만족하지 못하는 사람이 있고, 평범한 수준임에도 매우 만족하는 사람도 있으니까.

나에게는 인식과 지식 모두와 관련이 있어 보인다. 우선은 있는 그대로 자기를 수용하고 만족하고 감사하는 기준과 마음을 갖자. 인생이란 하루하루를 사는 것 자체가 죄를 쌓는 것일 수 있다. 그러니 이유 모를 불편감이 조금 느껴진다면 그것도 고마운 일이다. 그 불편감이 나를 돌아보게 만들기 때문이다. 분명히 모르는 것도 있을 것이다. 지식을 얻기 위해서는 이상적인 기준과 나를 비교해 보아야 하고 그러기 위해서는 높이 올라가서 넓은 시야를 확보해야 한다.

잘 살려면 하지 말아야 할 일과 해야 할 일들이 있다. 하지 말아야 할 것은 목록이 길다. 다행인 것은 그것이 무엇인지 어렵지 않게 알 수 있고, 내가 하지 않으면 되니 어느 정도는 통제 가능성이 있다는 점이다. 하지 말아야 하는 일들은 마치 상한 음식과 같아서 우리의 몸은 상한 음식을 본능적으로 거부하니 아주 특별한 경우가 아니라면 그것을 알 수 있다. 다만 세상이 어디 그리 만만하던가! 때때로 강요를 당할 수도 있기에 손해 보는 것을 감내할 정도의 각오와 용기가 필요하다. 아무튼 내가 하지 않는다면 하지 말아야 할 일들을 하지 않을 수 있다.

잘 살려면 해야 할 일들이 역시 많이 있다. 다행인지 불행인지 잘 살기 위해서 해야 할 일들은 구분이 어려운 대신 해야 할 좋은 일들은 강요당하지는 않는다. 이것은 다른 형식의 문제가 있는데 그것들이 무엇인지 알기 어렵다는 점이고, 더 큰 문제는 안다고 하더라도 그것을 실행하기가 어렵다는 점이다. 잘 지낸다는 것에 대한 정의를 어떻게 생각하느냐에 따라 잘 살기의 난이도는 하늘과 땅의 차이로 달라진다.

지금 나는 무엇을 하지 말아야 하는가? 그것이 무엇인지를 알고 있다고 나를 바라보는 내가 말해 준다. 지금 나는 무엇을 해야 하는가? 막막하다. 때로는 풀 수 없을 것 같은 방정식 앞에서 끙끙거리는 나를 발견한다. 어려움에도 불구하고 잘 살고자 노력하게 하는 동기는 꼭 쾌락적인 욕구에 의한 것만은 아니다. 인생이란 것이 내 것이 아닌 것 같다는 생각을 더 많이 하게 된다. 어떤 책임을 부여받았는데 그것이 무엇인지를 찾아서 완수하기 전에는 잘 살았다는 만족감을 가지기는 어려운 그런 숙제 같은 느낌이다. 잘 지내기 위해서 나는 무엇을 해야 하는가?

나를 움직이는 동기

성경의 욥기는 의롭고 부유하였던 욥이 참혹한 고통을 경험하는 이야기를 들려준다. 그는 하나님이 사탄에게 자랑하실 정도로 바르고 완전한 사람이었다. 그런 그에게 까닭 모를 극심한 시련과 고통이 덮쳤다. 자녀들이 자연재해로 죽고, 그 집에서 일하는 자들도 자연재해나 노략질하는 자들의 칼에 살해당했다. 막대한 재산도 파괴되거나 빼앗겼다. 결국엔 자신도 극심한 고통을 수반하는 질병에 걸렸다. 온몸이 미칠 듯 가려웠고 고름이 흘러내렸다. 질그릇 조각으로 자기 몸을 벅벅 긁는 모습을 보고, 그의 아내는 하나님을 저주하라고 소리쳤다. 욥은 결국 자신이 태어난 날을 저주했다.

욥을 찾아온 친구들은 함께 주저앉아 한탄하며 울며 위로하다가, 그에게 무엇을 잘못했는지 깨닫고 회개하라고, 그래야 산다고 그를 설득했다. 욥은 자신이 하나님 앞에서 의롭다고 항변하고, 그들은 고통의 이유에 대해 격렬하게 논쟁하기에 이른다.

인생을 인과응보로 설명하기는 어렵다고 욥기가 말하는 듯하다. 욥의 삶에서 벌어진 일들은 하나님의 뜻 말고는 도무지 설명되지 않는다. 욥은 엄청난 복을 받기도 했고 엄청난 재앙을 받기도 했지만, 그가 하나님 보시기에 의로워서 복을 받았다거나 죄를 범해서 고난을 당했다고 설명되지 않는다.

심리학은 인간이 어떤 결정을 하고 행위를 하는 동기를 외재적 동기와 내재적 동기로 구분하여 설명한다. 우리는 어떤 결과가 걱정되고 두렵고 혹은 피하고 싶어서 무엇을 할 수 있다. 반대로 무엇을 가지고 있어서 또는 바라는 것이 있어서 무엇을 할 수도 있다. 이러한 동기를 외재적 동기라고 한다. 이와는 다르게 그냥 좋아서 또는 그것이 옳기에 행하는 것을 내재적 동기라 한다. 복을 받기 위해, 진노를 피하기 위해 경건하게 살고자 한다면 외재적 동기에 의한 것이다.

욥은 복을 받기 위해 하나님 앞에 경건하게 살지 않았다. 그는 그것이 좋아서, 그렇게 하고 싶어서 하나님 앞에서 의롭게 살았다. 그런데도 그가 고난을 당했다는 결과만 보면 이해할 수 없고, 외재적 동기 쪽으로 몸과 마음이 기운다. 그러나 그는 끝까지 내재적 동기를 놓치지 않았고, 마침내 이전보다 더 많은 것을 소유하게 되었다. 욥기 마지막에 등장하는 놀라운 회복이 없었어도 그는 내재적 동기 쪽을 선택했을 것이다.

우리도 복을 얻기 위해 선을 행하기보다는 선을 행하는 그것이 얼마나 기쁜지를 알아 가자.

삶의 목적이 존재할까?

사람들은 서로 다르다. 놀이공원에 가면 본전을 뽑으려는 듯 열심히 놀이기구를 타면서 즐기는 사람이 있는가 하면, 잔디에 돗자리를 깔고 앉아서 느긋하게 주변을 바라보는 것을 더 좋아하는 사람도 있다. 이런 차이는 사소한 일상에서부터 삶을 대하는 태도에 이르기까지 다양하고 넓게 존재한다. 쾌락이 인생 최고의 선이라 여기고 지금을 누리며 사는 사람이 있는가 하면, 삶에는 목적이 있고 그것을 성취하는 것을 최고의 선으로 여기며 오늘 먹을 치킨을 기꺼이 내일로 미루는 사람도 있다.

영화 〈노스페이스〉(North Face, 2010)를 보면 두 부류의 사람들이 모두 나온다. 한 부류는 알프스의 장대하고 멋진 광경을 바라볼 수 있는 리조트에서 음악과 술과 춤을 즐기며 행복한 시간을 보낸다. 반면 다른 부류는 누구도 등반에 성공하지 못한 절벽을 정복하기 위해 영하의 추운 날씨에 절벽에 매달려서 극한의 고통을 감내한다. 떨어진 돌에 머리를 부딪혀 두개골이 보이는 심한 상처를 입었음에도 등

반을 고집하는 장면도 나온다. 결국 그들은 로프에 매달린 채 얼어 죽는다. 그들은 스스로 그것을 원했다.

우리의 삶에 목적이 존재할까? 많은 사람이 목적을 향해 달려가는데, 눈에 보이지 않는 그 목적이란 것이 정말 존재할까? 애쓴다고 다 성취되는 것도 아니니, 오히려 그런 것이 어리석은 일은 아닐까? 애초에 인생에 어떤 의미 같은 것은 없고 우리는 그저 존재하는 것일까? 지금 오감으로 생생하게 느껴지는 건강한 쾌락을 추구함이 현명한 삶은 아닐까?

그런데 이렇게 질문하다 보니, 이런 질문 자체가 우스꽝스럽다는 생각이 들었다. 목적 추구는 존재 여부를 증명하는 성질의 것이 아니다. 목적 추구는 선택의 문제이며, 어떤 면에서는 취향의 영역이기 때문이다. 누구는 목적이 있는 삶이 좋아서 그런 삶의 방식을 선택하고, 누구는 목적 없는 삶을 좋아할 수 있다. 그러므로 어떤 스타일의 삶이 더 풍요로운 결과를 가져올 것인가를 기준으로 판단하는 것도 바람직하지 않다.

나는 어떤가. 나는 목적이 존재한다고 믿고 목적이 있는 삶을 선택한다. 목적은 나에게서 방향을 만들고 동기를 만들어 주며 무엇을 추구하도록 한다. 새로운 가능성에 도전하게 하고 모험을 떠나자고 부추긴다. 나는 이런 형식의 삶이 더 좋다. 그렇다면 나의 삶은 어떤 목적을 가지는가? 그것은 수학 문제를 풀듯이 답이 하나로 정해지는 것이 아닌 듯하다. 방향과도 같아서 계속해서 알아 가고 확인해

가야 하는 믿음의 영역이다.

마음 깊은 곳에서 목적 추구에 대한 염려가 여전히 자리 잡고 있음을 발견한다. 그래서 목적 추구가 일면 고생스러워 보이지만, 결국은 쾌락 추구보다 더 크고 건강한 쾌락을 얻게 된다는 증거를 찾으려 한다. 설사 그럴지라도 우리의 인생은 목적을 발견하고 목적에 도달하기 위한 과정의 경험으로 판단되어야 한다. 목적을 추구한다고 하면서도 그 결과 얼마나 쾌락적인 풍요를 누리게 되었는지로 판단하는 것은 앞뒤가 맞지 않는 이야기가 된다.

행복은 목적이 되기에 충분하다

나는 목적의 존재를 믿고 목적이 있는 삶을 선택한다. 그러나 행복이 삶의 목적은 아니라고 생각했다. 행복하게 사는 것은 너무도 소중하고 중요하지만, 그럼에도 그렇게 자기를 만족시키는 것이 존재 목적일 수는 없다. 우리는 먹는 것이 아무리 즐거워도 먹기 위해서 살지 않고, 살기 위해서 먹는다. 노트북의 존재 목적은 노트북으로 있는 것이 아니고 누군가의 창작 도구로 활용되는 것이다. 이처럼 나의 존재 이유는 내가 아닌 다른 존재와 관련이 있으리라 생각했다.

그런데 오늘 산책을 하는 중에 나이가 많고 쇠약하고 불편해 보이며 무료하게 앉아 계신 어르신을 뵈었는데 그분의 잔상이 마음에 계속 머물렀다. 이름도 모르는 그 노인의 삶에 대해서 상상하면서 그

분의 삶은 무엇일까를 생각해 보았다. 삶의 목적이 무엇에 활용되는 것 곧 쓸모에 있다면, 쓸모를 잃어버린 후에는 그 삶이 가치가 사라지는 것일까? 절대로 그렇지 않고, 또 그렇지 않아야 한다. 삶을 지탱하는 삶의 목적 이론은 아이에게도, 청년에게도, 노인에게도 그대로 적용될 수 있어야 한다.

우리가 어딘가에 쓸모가 있고, 기여하고, 업적을 남기는 것이 존재의 목적이라고 하더라도, 그런 소명의 공통 분모는 누군가의 행복에 기여하는 일이다. 질병을 고치는 의사, 가르치는 선생님, 위기에서 구해 주는 소방관, 맛있는 커피를 제공하는 카페 직원 모두 누군가에게 크고 작은 행복을 선사하는 것을 목적으로 공유한다.

누군가의 행복에 기여하는 것이 도구적 삶의 목적이라면, 바로 내가 행복하게 사는 것 또한 궁극적인 목적이 되어야 한다는 결론에 다다른다. 나의 삶의 행복이 궁극의 선이 아니라면, 그런 타인의 행복을 위해 애쓰는 것 역시 궁극의 선이 될 수 없다. 나의 행복이 그리 소중하므로 나의 행복을 위해 애쓰는 그들의 삶 또한 가치 있는 것이 된다.

그러면 오늘을 행복하게 사는 일은 존재 이유가 맞다. 그리고 그것은 죽는 그 순간까지도 유효한 삶의 목적이 된다.

J의 성찰

▲

분위기 깨는 것은 NT의 숙명일까?

며칠 전에 딸이 카톡을 보내왔다.

'아빠. 어버이날 선물로 뷔페 대접을 하려는데 어떠세요? 그냥 돈으로 달라고 하셔도 되구요.'

그러고는 그것이 엄마 아빠가 주신 용돈으로 쓰는 것이 아니라, 자기가 아르바이트를 해서 번 돈으로 대접하는 것이라고 하였다. 도넛 가게에서 아르바이트 한 지 벌써 두어 달이 되었다. 딸이 자기가 번 돈으로 밥을 사다니! 기특한 마음에 기뻤다. 그리고 약속된 날에 할머니를 포함한 온 가족이 발산역 인근에 있는 뷔페를 찾아 훈훈한 분위기에서 맛있게 저녁 식사를 했다. '뷔페는 다 좋은데 과식하게 만드는 것이 문제다' 같은 이야기를 하면서, 몇 번을 오고 가며 음식을 조금씩 골고루 맛을 보았다.

집으로 돌아오는 길에 아이가 엄청난 일이 있었다면서, 디올이 A여대에서 패션쇼를 했다는 소식을 상당히 신난 목소리로 알려 주었다.

나: 그래? 그런데?

딸: 아빠 디올 모르세요? 세계적으로 유명한 패션 브랜드?

나: 알지. 하지만 왜 그게 대단한 일이야?

딸: 아니 엄청나죠! A여대 대단하지 않아요?

나: A여대가 무엇을 했는데? 그 행사를 기획했어? 아니면 학
　생들이 작품을 발표했나?

딸: 디올이 한국의 A여대를 선택한 거죠. 와! 이게 얼마나 대단한
　건지 모르세요?

나: 장소 빌려준 게 뭐 대수라고.

딸: 아빠. 진짜 실망이네요. 어디 가서 그런 말 하지 마세요.

나: 에이 뭘 그런 걸 가지고 실망해. 알았어. A여대 입장에서
　는 꽤나 홍보가 되었겠네.

사실 나는 더 심한 이야기를 했다. 과학기술로 유명한 학교였다면 그런 행사에 장소를 빌려주지는 않았을 거라는 둥, 이화여대하고는 이미지가 어울린다는 둥 하는 말도 했다. 딸아이는 아빠와 즐거

운 대화를 나누고 싶어서 최근에 무척 흥미있게 읽은 뉴스 이야기를 한 것인데 나는 분위기를 싸늘하게 만들고야 말았다. 집에 오는 동안 상당 시간 침묵이 흘렀다.

나는 왜 그저 맞장구를 치면서 재미있게 대화를 나누어야 할 때와 열띤 토론을 하면서 대안을 만들고 검증하고 다듬어야 할 때를 구분하지 못할까? 그런 때를 구분하지 못할 정도의 바보는 아니지만 잠시라도 주의하지 않으면 어김없이 NT(iNtuition & Thinking)의 기질이, 좋은 말로 하면 비판적 통찰이, 다른 사람 말로 하면 싸가지 없는 심판관의 잣대가 작동한다.

나는 왜 이럴까? 다른 사람이 무엇을 신나게 이야기하고 설명하면, 왜 나는 호기심 있게 듣거나 공감하지 못하고, 사안의 다른 측면에 대해서 비판적으로 이야기를 하면서 분위기를 싸늘하게 만들고 대화가 멈추게 하는 걸까? 물론 나도 상대방의 이야기가 마음에 들면 더 없이 신이 나서 맞장구치며 대화를 이어가기도 한다. 하지만 이야기를 듣다가 '별로인데, 아닌데, 무슨 소리를 하는 거야' 하는 느낌이 들면 비판적으로 돌변한다. 상대방의 말을 자르고 끼어들기도 한다. 이런 처신은 내 눈에도 미성숙한 사람의 모습으로 보여서 고치고자 노력하지만 쉽지 않다.

MBTI 공부는, 나를 불편하게 만들고 마음에 들지 않는 나의 행동들이 타고난 기질의 강력한 영향을 받는 것이므로 쉽게 변화시킬 수 없다는 것을 알려 주었다. 누군가가 나를 바꾸려 든다면 화가 나고 저항할 것인데, 마찬가지로 내가 나를 그저 바꾸려 드는 것에도 저항감이 생기며 자기를 인정하지 않는 어리석은 접근이라는 것도 알려 주었다. 그리고 주변의 자극에 대해서 느끼고, 생각하고, 행동하는 나의 반응기제는 태어날 때부터 고유하고 탁월하게 설계되어 있으니, 그것을 어떤 버그가 있는 프로그램처럼 접근하여 뜯어고치려 하지 말고 잠재력을 충분히 발휘할 수 있도록 긍정적인 관점에서 훈련하고 개발하는 것이 옳은 방향이라고 알려 주었다.

그럼 판단하기 좋아하는 나는 어떻게 해야 할까? 매 순간 판단을 멈추려는 노력은 힘차게 달리는 자동차에 억지로 사이드 브레이크를 당기는 격이다. 그래서는 효과도 없고 자동차도 망가질 뿐이다. 우선은 판단하기를 좋아하는 성향을 억누르지 말고 강점으로 활용할 수 있도록 발전시키는 것이 현명하다. 그리고 그 판단을 먼저 나에게 적용하고, 나의 판단이 중요한 것처럼 남의 판단도 그에게 매우 소중한 것임을 깨닫고 존중하는 성숙한 태도를 배우면 될 일이다.

NT도 공감을 잘할 수 있어!

어제 일에 대해 딸에게는 사과하고, 다른 이들에게는 딸에게 선물을 받았다고 자랑도 할 겸 해서 브런치에 글을 쓰고 딸에게 글 링크를 보냈다. 딸아이는 바로 카톡을 보내왔다. 그리고 전화로도 자신이 왜 화가 났는지를 설명해 주었다.

'아빠. 전 단순히 공감을 원한 게 아니었어요. 아빠가 NT라서 대화가 그렇게 끝난 게 아니에요. 저야말로 그냥 공감해 달라는 식의 대화를 싫어하거든요. 저는 아빠가 가지고 있는 패션업계와 여대에 대한 편협한 시선에 화가 났던 거예요~^^.'

다행히 전화의 목소리가 밝았고 카톡의 문자에도 미소 표시가 보였다. 딸은 아빠가 변화를 위해 나름대로 노력한다고 평가하였는지 자신이 왜 화가 났는지를 설명해 주었다. 덕분에 과연 공감이란 무엇인지, 그렇게 공감하기 위해서 어떻게 경청해야 하는지 한 걸음 더 들어가서 생각해 볼 기회가 생겼다.

위키백과는 공감(共感)을 '상대방 입장에 서서 상의의 경험한 바를 이해하거나 혹은 다른 사람의 입장에서 생각하는 능력이다' 그리고 '공감의 종류에는 크게 인지적 공감(cognitive empathy), 감정적 공감(emotional empathy)이 있다'라고 설명한다. 우리가 슬퍼할 때 누군가 함께 슬퍼하고, 기뻐할 때 함께 기뻐하고, 억울한 일을 당하여 분함을 참지 못하고 있을 때 누군가 함께 분노하며 화를 내어 준다면, 우리는 그들에게 공감받기 때문에 위로가 되고 힘을 얻는다. 공감을 잘하는 사람들을 보면, 누군가 힘들어할 때 그들의 상황을 이해하지 못하더라도 함께해 준다. 하지만 누가 '나도 겪어 봐서 알아'라는 식으로 쉽게 말하면 거부감이 든다.

사람들은 속해 있는 조직을 예전에 비해 빈번하게 바꾼다. 몇 년 주기로 직장을 바꾸는 행동을 경력 개발을 위한 전략적 선택으로 설명하며 추천하기도 한다. 그래서인지 요즘은 조금 더 자주 직장이나 집단을 옮기곤 하며, 역설적으로 새로운 직장의 일원이 되어 빠르게 적응하여 함께 일하는 사람들과 소통하고 책임을 맡은 목표와 과제에 몰입하는 것이 더욱 중요해졌다. 한 팀을 이루지 못하면 목표를 달성하기 어렵기 때문이다. 심리학의 조직사회화 이론에 '조망 수용'(Perspective-Taking)이라는 개념이 있다. 조직사회화는 새로운 구성원이 빠르게 효과적으로 팀의 일원이 되는 과정과 방법을 설명한다. 그 방법의 하나가 조망 수용으로, 타인의 관점에서 사물을 바라보는 능력을 말한다.

조망 수용에 관한 유명한 연구 중에 '세 개의 산 실험'(The Three-Mountain Task)이 있다. 실험에서 연구자들은 서로 다른 모습으로 만들어진 산 모형 세 개를 만들고, 마찬가지로 세 개의 인형을 다른 위치에 세워 두었다. 그러고는 실험 참가자에게 각각의 인형의 위치에서 볼 때 산의 모습이 어떻게 보일지를 묘사하게 하였다. 4~5세의 아이들은 자신들이 지금 보고 있는 산의 모습을 다른 인형들도 똑같이 보고 있을 것이라고 대답하였다. 하지만 9~10세의 아이들은 인형의 위치에서 보일 산의 모습을 정확하게 묘사하였다.

실험이 알려 주는 바와 같이, 공감하는 능력은 그것이 감정에 관한 것이든 인지에 관한 것이든 모두 나이를 먹어 가면서 키가 크고 근육이 발달하듯이 자연스레 발달한다. 즉 우리는 모두 공감하는 능력을 가지고 있다는 것이다. 하지만 능력을 가지고 있는 것과 개발하여 사용하는 것은 다른 차원의 문제이다.

우리는 현실에서 실제로 공감하는 능력을 사용하는 일은 쉽지 않다는 것을 자주 경험한다. 회의 시간에 용기를 내어 자신의 생각이나 의견을 제안하더라도 주목받지 못하거나 무시당하는 경우가 많다. 다른 것은 틀린 것이 아니다. 다양한 관점이 모여 있을 때 더 완벽하고 강해질 수 있다는 가르침은 꽤 자주 듣고 배우지만, 우리 신체의 면역체계가 작동하듯이 우리의 또 다른 본능은 우리와 다른 것들을 외부인으로 심지어는 적으로 간주하고 배척한다.

공감하는 능력이 이미 있음을 우리는 안다. 그리고 공감을 통해서 얻는 유익이 크다는 것을 모르는 사람은 없으리라. 그렇다면 이제 어떻게 해야 하는가?

능력을 발휘하려면 끈기 있게 힘을 써야 한다. 마찬가지로 공감하는 능력을 발휘하기 위해서도 끈기 있게 힘을 써야 한다. 먼저 경청(傾聽)해야 한다. 경청은 귀를 기울여 듣는 노력이다. 애써서 집중해야 한다. 경청의 단계를 흔히 '무시하기', '듣는 척하기', '선택적으로 듣기', '주의 깊게 듣기', '공감하며 듣기'의 5단계로 구분한다. 경청 5단계의 구분을 보면 공감은 듣기의 매우 높은 수준으로서 의도적이고 적극적인 노력이 필요함을 알 수 있다.

공감의 초보인 나로서는 '무시하기'에서 '듣는 척하기'로 나아가는 것도 큰 발전일 수 있다. 왜냐하면 나는 비판적인 사고를 하는 경향이 있어서 습관적으로 상대의 말을 받아치는 식으로 돌려줄 때가 많기 때문이다. 이 경우 대부분 상대방은 나의 의도와는 다르게 무시당했다고 느낄 수 있다. 그래서 나 같은 사람은 일단 형식적으로라도 "아~ 그랬구나!" 또는 "저런, 어쩌면 좋아요?" 하면서 영혼 없는 맞장구만 쳐도 주변에서 꽤 대견하게 평가해 주기도 한다. 하지만 이것은 진짜 공감적 경청이 아니다.

공감적 경청을 하려면 상대방의 말에 진지하게 대응해야 한다. 상대방이 말하는 바가 무엇인지를 이해하기 위해서 진지하게 노력해야 한다. 상대방의 눈높이와 욕구와 경험의 관점에서 바라보려고 성실하게 노력해야 한다. 질문도 하면서 이해하기 위해 노력해야 한다. 그렇게 이해하고 나면 동의하지는 않더라도 공감할 수 있다. '당신의 말에 동의하지는 않아. 그래도 당신의 입장과 생각이 무엇인지에 대해서는 공감해'라는 말을 진심으로 할 수 있다.

딸은 우리에게 '여성 인권'이라는 개념조차 없다고 해도 좋았을 시절부터 한국 여성의 미래를 위해 헌신한 어느 여자대학교에서 현대 여성의 삶에 메시지를 던지는 저명한 패션쇼가 열린 것의 의미를 알려 주려고 했다. 그런데 나는 상대방의 관점에서 사물을 볼 수 있는 능력이 있음에도 불구하고 그 능력을 발휘하려는 노력은 조금도 하지 않고 나의 시각으로만 반박했다.

브런치 글을 읽은 또 다른 친구는 '이건 NT와는 별 상관이 없어 보인다' 하는 의견을 주었다. 상대방이 무슨 말을 하려는지 진지하게 듣고 이해하려는 노력조차 하지 않고 즉흥적으로 받아친 것은 상대방을 무시하는 태도이므로, 이것을 기질적인 이유로 볼 것은 아니지 않나 하는 의미 같다. 맞는 말이다. 그냥 나의 미성숙한 모습일 수 있다. 심리적 특성과 상관없이 공감적 경청은 누구나 배워야 할 삶의 기술이고, 또한 배울 수 있는 태도이자 기술이다.

J가 피 흘리지 않는 방법

판단형(Judging)이라 그런지 나는 항상 판단한다. 사람에게 판단하지 않는 순간이 있을 수는 있을까 싶은 정도다. 판단형이라는 나의 성격 특성에 관심을 가지게 된 것은, 그것이 나에게 이익을 주기보다는 손해를 끼친다고 더 자주 느끼기 때문이다. 누군가가 과장된 표현으로 '피를 철철 흘리는 J'라고 했는데, 그 말을 듣고 웃음이 터졌으니 분명 공감하는 바가 많았기 때문이리라.

성격에 대한 자기 인식 수준을 높여서 성숙해지고자 한다면, 먼저는 자신의 성격 특성이 주는 매력과 잠재력에 대한 안목을 높이고 그것을 훈련하여 강점으로 발전시켜야 한다. 다음은 균형의 추구이다. 무엇이든 빛이 있으면 그림자가 있기 마련이다. 그 여정에서 강점은 빛과 같아서 자연스레 그림자를 만든다. 둘은 각각 개별의 것이 아니기에 강점이 홀로 있으면 약점으로 작용할 수도 있다. 소금이 음식을 맛있게 하지만 소금이 과하면 짜서 먹을 수가 없는 것과 같다. 과유불급(過猶不及)에 대한 인식과 관리 역시 인격의 발달과 성숙에 매우 중요하다.

J는 장점이 많으나 그것만 존재하여 지나칠 때 생기는 그림자 즉 약점도 있다. 나의 경우에는 누군가의 말과 행동에 대해 주로 판단만 하기에 못마땅한 감정을 자주 느끼고 이것이 나의 웰빙을 해친다는 점이다. 조금 과장하면 나는 늘 화를 내며 사는 사람 같다. 다른 사람 특히 가까운 사람의 행동양식에 지적질을 하는 모습은 꼴불견에다 정당하지 않고 효과도 없는데, 알면서도 지금까지 고치거나 잘 다스리지를 못하고 있다.

그러다가 지난주에 해결의 실마리가 될지도 모를 나름의 발상을 하였다. 하나는 판단하는 성향을 억누르고자 했던, 그동안의 쓸모없었던 내적 갈등을 이제부터는 하지 않고 오히려 마음이 흐르는 대로 판단하는 것이다. 다른 하나는 내가 나의 판단을 중요하게 여기듯이 다른 사람의 판단도 나의 판단 이상으로 존중하는 것이다. 응? 이게 말이야 말장난이야 하는 분도 있겠다. 이 발상을 실천적으로 제시하면, 하나는 내 생각을 상대방에게 주저하지 않고 말하겠다는 것이다. 물론 당연히 예의를 갖추고 설득력 있는 화법을 사용해서 말이다. 다른 하나는 상대방이 나의 발언을 받아들이든 거절하든 그것을 매우 존중하겠다는 것이다.

'이렇게 합시다!'라고 단정적으로 말하던 나를 부드럽게 타이르고, 이제는 관심과 친절을 담아서 '이렇게 하면 어떨까요?' 하고 제

마음의 레버리지

안하는 모습으로 나아가고, 상대방의 판단을 나의 판단처럼 존중한
다면, 나에게 이것이 J의 강점은 살리고 약점은 관리하는 묘수가 되
지 않을까 실험해 보고자 한다.

성찰과 위로

▲

번아웃된 당신에게

며칠 전에 함께 점심식사를 한 지인이 자신이 요즘 들어 번아웃 (burnout) 상태인 듯하다고 말했다. 번아웃이 무엇일까? 무엇이 우리를 그 상태로 몰아갈까? 번아웃에 관해 이런저런 생각을 해 보았다. 우리를 방전시키는 원인이야 사람마다 다를 수 있으니 꽤 다양할 것으로 예상되지만 몇 가지로 범주화시킬 수는 있겠다.

우선 번아웃은 사전적으로 '다 타 버려서 재만 남았다'라는 뜻이다. 실제로 우리가 번아웃이 된 상태는 이와 유사하다. 그렇다면 번아웃은 활활 타올랐다는 것을 전제로 한다. 활활 타올랐기 때문에 연탄재가 된 거다. 축축하고 차갑고 검은 석탄으로 그냥 있으면 번아웃을 경험하지 못한다.

며칠 전에 전국적인 인지도가 있는 어느 리더가 인터뷰에서 자신의 지금 상태는 완전히 방전된 배터리 같다고 답변하는 것을 보았다. 이 말은 자기를 풀가동하여 배터리의 밑바닥에 있는 전기까지 다 끌어다가 사용하였다는 말이다. 무협만화에는 주인공이 마지막 한 줌의 진기까지 모두 끌어올려 싸우는 멋진 장면이 종종 나온다. 미식축구의 전설적인 명장 빈스 롬바르디는 "인생에서 가장 빛나는 시간은, 최선을 다해서 싸우고 지쳐 쓰러져서 하늘을 바라보는 그때"라는 명언을 남겼다. 다 태웠고 그래서 번아웃되어 재만 남아서 기진맥진한 그 순간이야말로 가장 빛나는 때라는 말이다.

이렇게 생각하니 번아웃에 대한 이미지가 부정적인 것에서 긍정적인 무엇으로 바뀌는 것 같기도 하다. 하지만 실상 우리가 경험하는 번아웃은 이렇게 아름답지는 않다. 심하면 무기력감에 빠지고, 더 심해지면 우울증으로 갈 수도 있다. 만약 지금 번아웃된 듯한데, 홀가분하기보다는 이용당한 것 같고, 제대로 평가받지 못한 듯하고, 의욕은 사라지고 자꾸 화가 난다면, 부정적인 방향의 번아웃을 경험하고 있다고 보아야 한다. 그럼 어떻게 하면 좋을까?

세 가지 처방이 있다. 첫째는 아낌없이 활활 불타올랐다는 사실을 기억하고, 그런 자신을 자랑스럽게 여기는 것이다. 활활 타오르는 것도 모두에게 허락되는 상황은 아니다. 잘 타올랐기 때문에 남는 것이 없다. 둘째는 활활 타올랐다면 당연히 재가 되고 방전되는 것이므로 번아웃 상태를 순리로 받아들이는 것이다. 계속 타오르기만 하면 요절하기 십상이다. 자연의 흐름에는 주기가 있어 채워지면 비워지고, 그러고는 다시 채워지기까지 기다려야 한다. 그러니 지금 번아웃이라고 생각된다면 천천히 걸으면서 자신에게 쉼을 허락하면 좋겠다. 셋째는 나를 다시 채우는 에너지의 공급처를 외부에만 의존하지 말고 내면에서 길어 올리는 것이다. 선한 일을 하는 사람이 지치는 이유는 타인의 인정과 칭찬에 목마르기 때문인 경우가 많다. 미켈란젤로가 말했듯이 내가 알고 신이 아신다면 그것으로 만족할 수 있으니 완벽하지 않은가?

희망의 특징 두 가지

희망을 보는 일은 밝은 미래를 구상하는 능력이다. 그리고 현재의 어둠을 전제로 한다. 지금은 비록 암울하나 희망을 보고 있기에 참을 수 있고 앞으로 나아가는 용기와 힘을 낼 수 있다.

좋은 희망은 두 개의 특성이 있다. 하나는 목표이다. 희망은 목표를 가지고 있다는 말과 사실상 동의어다. 좋은 목표의 특징은 구체성에 있다. 사격의 과녁 같고 택시를 타고 기사에게 말해 주는 목적지와 같다. 택시를 타고 '동쪽으로 가 주세요'라고 말하는 사람은 없다. 건물 이름이나 정확한 주소를 알려 준다.

다른 하나는 원하는 지점에 도달하는 경로를 그린 전략이다. 현실에서는 경로가 필요하다. 공상과학 영화에서 보는 워프(warp) 항법처럼 순간에 시공간을 이동하여 원하는 곳으로 갈 수는 없다. 어떻게 그곳으로 갈 수 있을까를 탐색하며 가능성이 높은 경로를 확보할 때 우리는 희망이 있다고 말한다. 그러므로 목표 즉 원하는 지점과 그곳에 도달할 방법 즉 경로, 이 둘 중에서 하나라도 없으면 희망은 힘을 발휘하지 못한다.

이 두 가지 특성이 없다면 좋은 희망이 될 수 없다. 말 그대로 나쁜 희망이 된다. '그래도 희망인데 나쁠 수 있겠어'라고 반문할 수 있지만 나쁜 희망은 이름 그대로 사람에게 좋지 않은 영향을 미친다. 적응력이 부족한 경직된 사고 체계를 가지고 있는 사람은 'wishful thinking'이라고 부르는, 즉 '막연히 잘될 거야'라고 생각하는 경향이 있다. 이런 막연한 기대에는 아무런 대안이 없고 대안을 찾고 만들려는 노력도 하지 않게 한다.

아주 많이 힘들 때는 "어떻게든 되겠지. 너무 걱정하지 말자. 다 잘될 거야." 하는 격려가 힘이 된다. 그 격려가 힘이 되는 것은 '지금은 모르지만 찾으면 방법이 있을 거야'라는 희망을 말해 주고 방법을 찾으려는 노력을 포기하지 않도록 지탱해 주기 때문이다. 어느 날 뚝딱하고 문제가 해결된다는 의미가 아니다. 그러므로 희망은 '가지는 태도'가 아니라 '만드는 능력'이다.

절망에 빠진 누군가가 있다면, 먼저는 '걱정하지 마, 다 잘될 거야'라고 말하며 격려해 주고, 조금 더 시간을 내어 좋은 희망을 만들 수 있도록 함께 머리를 맞대고 의논하자. 그래서 목표를 다시 설정하고,

할 수 있는 방법들을 떠올린다면, 다시 반짝이는 친구의 눈을 보게
되리라.

미디어에서 만나는 성찰

▲

걷고 걸어서 오십 중반

〈스물다섯 스물하나〉는 눈부시도록 아름다운 청춘의 도전과 우정과 사랑을 보여 주는 드라마이다. 희도의 딸 민채는 갑자기 발레가 하기 싫다며 가출해서 외갓집에 간다. 거기에서 젊은 시절 희도의 일기를 발견하는데, 드라마는 현재에서 과거로 무대를 바꾸어 빛나는 청춘 시절의 아름다운 이야기를 보여 준다. 그리고 민채는 발레를 계속하겠다며, 엄마처럼 그렇게 도전하고 실패하고 성취하고 애태우고 사랑하는 일들을 경험하고 싶다고 말한다. 드라마를 보며 오십 중반을 넘긴 나는 젊은 희도가 부러웠다.

〈웨스트 윙〉은 미국 대통령의 치열한 8년을 그려 낸 드라마이다. 재선에 성공하여 7년을 보내고 임기를 1년을 남겨 둔 대통령은 그야

말로 이빨 빠진 호랑이가 되어 간다. 그러한 정치 상황과 대통령의 심리는 마지막 연두교서에 상징적으로 드러난다. 대통령 임기 1년을 남겨 놓고 다시 돌아온 비서실장 리오는 수석 비서관들이 모인 자리에서 '백악관에서 하루 동안에 해낼 수 있는 일들은 백악관 밖에서 평생 할 수 있는 일들보다 클 것이다'라고 말하며, '남은 364일 동안 무엇을 할 것인가'를 묻는다.

우리는 어떻게 해서 여기에 있게 되었을까? 바다에 던져진 나무 토막이 바람과 파도에 떠밀려서 어딘지 모를 해변에 도착했거나 어딘지 모를 망망대해를 헤매고 있는 것처럼 이리저리 밀려 여기로 온 것은 아니다. 바람이 부는 대로 허공을 오르내리다가 어느 골목을 굴러다니는 비닐봉지처럼 어딘가에 있는 것이 아니다.

우리가 여기에 있는 이유는 매우 분명하고 단순하다. 여기로 걸어 왔기 때문이다. 이곳을 향해서 걸어왔기 때문에 여기에 있는 것이다. 이런 논리는 적잖이 위안을 준다. 가고 싶은 곳이 있으면 그곳을 향해서 걸어가라고 말해 주기 때문이다. 자동차를 타고 가면 쉽게 갈 수 있겠지만 차가 없다면 걷고, 마음이 급해지면 뛰고, 힘들면 조금 쉬다가 다시 걸으면 된다. 과연 원하는 곳에 도달할지 어떨지 궁금하지 않은가!

마음을 바꾸어 세상을 바꾼다

글을 쓰면서 영화 혹은 드라마에 나오는 장면이나 대사를 인용하는 일이 종종 있다. 유행에 편승하는 것 같기도 하고 나의 주장을 뒷받침할 수 있는 객관적이고 신뢰할 근거는 아니지 않나 하는 자의식도 발동하여, 궁색한 변명을 찾기 위해 스스로 묻고 답을 찾아본다.

글은 모름지기 공명을 만들기 위함인데 그러려면 공감대를 형성할 수 있는 어떤 실마리가 필요하다. 붙어 다니는 친구 아닌 다음에야 공유하는 추억이나 사건이 얼마나 있을까. 반면에 인기 드라마는 많은 사람이 함께 보고 웃고 울기도 하니 그 장면들은 꼭 희로애락을 함께해 온 친구들 간에 공유하는 추억 같은 것이 된다.

김태리가 고등학생 펜싱 선수로 나오는 드라마 〈스물다섯 스물하나〉를 아주 재미있게 보았다. 수많은 공감 포인트에 나는 작가들에게 존경심이 들었다. 유림이가 핸드폰을 사 주는 엄마와 나누는 대화 중에 나오는 대사이다. "마음이 무엇을 해줄 수 있는데? 마음은 빚 안 갚아 주잖아?" 그리고 누가 누구에게 했는지는 기억은 안 나지만 이런 대사도 있었다. "마음으로 갚아지는 빚이 있더라. 몰랐어?"

마음은 무엇일까? 바람같이 정처가 없고 보이지도 않고 어디에서 와서 어디로 가는지도 알 수 없으니 아무것도 아닌 것 같다가도, 어느 순간에는 그 마음이 너무도 확실하여 더 이상 분명할 수 없을 만큼 확실한 실체이자 우주 같기도 하다.

건강 심리학자 켈리 맥고니걸(Kelly Mcgonigal)은 스트레스를 어떻게 인식하는가에 따라서 혈관이 축소되기도 하고 확대되기도 한다는 놀라운 연구 결과를 발표했다. 스트레스를 도전에 대응하기 위한 신체의 건강한 반응으로 인식하는 사람에게는 스트레스가 해가 되지 않고 오히려 유익한 결과를 가져온다는 식의 주장이었다. 중요한 프레젠테이션을 앞두고 있다면, 사람들 대부분은 심대한 압박감을 느낀다. 이때 심장의 두근거림 등 자율신경계에 의한 자동 반응에 대해서 '프레젠테이션을 잘 해내기 위해서 내 몸이 스스로 준비하고 있구나'라고 인식하면, 긴장감 때문에 혈관이 축소되고 혈압이 오르던 신체가 변화되어 혈관이 확장되고 혈액 순환이 원활해지면서 신체의 활력을 높이는 결과를 가져온다는 것이다.

마인드셋(mindset)으로 유명한 캐롤 드웩(Carol Dweck)도 믿음이 뇌의 기능을 바꾸는 것에 관해서 연구하였다. 지능과 같은 타고난 특질 등이 노력에 의해서 변화하고 발전한다는 믿음을 가지고 있는 사람과 지능 등의 차이는 결정된 것이고 노력으로 바꿀 수 있는 것이 아니라는 인식을 가진 사람 간에는, 성장에서의 중요한 차이점이 존재한다는 주장이다.

스트레스에 대한 신체의 반응이나 지능과 같은 특질은 생물학적인 속성이므로 그것을 어떻게 인지하는지와 상관이 없는 일정한 법칙에 따라 작동되어야 한다. 그런데 어떻게 인식하느냐에 따라 작동 기제가 달라진다고 하니, 그 연구 결과가 매우 흥미롭다. 그에 관한 믿음이 생리적·물리적 실체와 작동 방식에 영향을 미친다.

성경은 무엇보다도 마음을 지키라, 생명의 근원이 이에서 난다고 했다(잠언 4장 23절). 화엄경의 핵심 사상인 '일체유심조'(一切唯心造)도 '모든 것은 오직 마음이 지어 낸다'라는 뜻이니, 과연 마음을 바꾸면 세상을 바꿀 수 있겠다.

창문의 목적은 홀로 존재하지 않는다

인생의 목적이 무엇일까? 나는 왜 사는 것일까? 이러한 질문들은 철학적이고 종교적으로 들린다. 과학이 발전하면서 철학적 질문에 과학적 실체를 가지고 답하는 이들도 많아졌지만, 많이 알수록 모른 다는 사실을 알게 된다는 옛 지혜를 확인하게 된다. 오히려 현대 과학은 신화에서 전승된 세계관에서 창의적 상상력을 얻고 있다.

목적은 진실이나 과학적 증명의 영역이 아니라, 앞서 말한 것처럼 믿음의 영역이자 선택의 영역이다. 내가 생각하는 인생의 목적 즉 미션은 어떤 존재가 되어 가는 것이다. 영화 〈터미네이터〉 시리즈의 마지막 편 마지막 장면에는 주인공 사라를 구하고 죽었던 터미네이터가 새로운 몸으로 업그레이드되어 다시 사라를 구하기 위해 등장하는 반전이 나온다. 그런데 터미네이터의 진정한 업그레이드는 터미네이터가 경험한 그 길고 험난한 사건들을 통해서 형성한 성품과 이야기였다. 긴 세월 동안 사라 코너를 지키느라 노쇠한 터미네이터 T-1000이 단순히 액체금속으로 업그레이드된 것을 부활이라고 할 수 없다.

창문은 그 존재 목적이 있다. 그러나 창문이 가지고 있는 목적이 창문 홀로는 성립되지 않는다. 창문이 집의 요소일 때 창문은 비로소 창문의 목적을 달성한다. 그리고 그 방에 살고 있는 누군가가 독특한 이야기를 만드는 데 공헌한다. 감방의 창문이었다면 푸른 하늘과 밤에 빛나는 별을 보여 주는 통로가 되어 누군가에게 용기와 영감을 주었으리라.

우리는 지금 이 순간에도 어떤 존재가 되어 간다. 그리고 모든 사람이 그 과정에서 서로 다른 이야기들을 만들어 간다. 내가 생각하는 인생의 목적은 그런 것이다. 목적을 성취하기 위해서는 자신만의 이야기를 잘 찾고 잘 써야 한다. 그렇다면 우리는 어떤 이야기를 써야 할까? 세상의 모든 노래가 다른 가사와 사연을 가지고 있지만 모두 사랑을 노래한다는 공통점이 있는 것처럼, 우리가 만들어 가는 이야기의 공통점은 아마도 사랑하는 존재가 되어 가는 것은 아닐까? "백만 송이 장미"의 가사처럼 말이다.

나는 어디에 속해 있는가? 그 관계 속에서 창조해 가는 이야기들은 무엇일까? 그것을 찾아가고 이루어 가기 위해 비전을 세우고, 목표를 세우고, 오늘 하루의 시간 계획을 세우고 고군분투한다. 그리고 훗날 노쇠한 터미네이터 T-1000처럼 인생에서 배우고 창조한 이야기를 기억하며 새로운 몸을 입고 부활하기 소망한다.

모든 존재는 행복을 추구한다

살아 있는 모든 존재는 선한 욕구를 가진다. 그것이 발현되면 행복하고 억압되면 불행하다. 욕구는 생명이 있는 모든 존재를 작동하게 하는 힘이자 원리이다. 우리의 모든 행동은 욕구 충족 기제로 설명할 수 있다. 그럼에도 충족이라는 단어는 무엇인가 부족한 면이 있다. 충족은 배고픈 사람이 맛있는 음식을 먹어서 배부르게 되는 모습, 빈 항아리에 물을 부어서 가득 채우는 이미지를 연상하게 한다.

욕구는 오히려 샘물과 같다. 흘러가지 못하는 샘물, 누군가 길어 올려 사용하지 않는 샘물은 탁해져서 죽은 웅덩이가 되고 만다. 맑은 샘에서 물이 계속 솟아나고 흘러야 한다. 동네 사람들이 자주 와서 물을 길어 가야 새 물이 솟아나서 맑은 우물이 된다. 따라서 '욕구를 충족하다'라는 말보다는 '욕구를 사용하다'라는 표현이 욕구를 충족하는 방법을 더 잘 보여 준다.

우울감의 주된 원인 중의 하나는 무력감이다. 우리는 우리 자신이 쓸모없어질까 두려워한다. 만일 요즘 불행감을 더 많이 경험하고 있다면, 지금 하는 일들이 잘 안되거나 후퇴하고 있다고 느끼기 때문일 수 있다. 이럴 때는 되새김질하는 감정과 생각에서 벗어나서, 당장 할 수 있는 작은 일들을 확인하고 하나씩 해내는 것이 좋은 전략이다. 박지성 선수는 어느 예능 프로그램에서 이야기하기를, 축구 경기에 나가는 것이 두려울 정도로 극심한 스트레스를 받았던 시절이 있었는데, 그때 골을 넣으려고 애쓰기보다는 패스를 잘하는 것 등 기본이 되는 행동을 하고 그것에서 힘을 얻었다고 했다.

우리는 무엇을 할 수 있을 때 행복하다. 그것도 자기의 생각과 의도에 따라 행동할 때 행복하다. 내가 무엇을 하려고 하다가도 누군가가 그것을 하라고 지시하면 마음이 싸늘하게 식는다. 청소년 시절에 청소하려고 하는데 청소하라는 잔소리, 공부하려고 마음먹었는데 공부하라는 잔소리를 들으면 오히려 하기 싫어졌던 경험을 떠올려 보라.

성인이 되어 직장 생활에 회의를 느끼는 많은 경우는 자기 뜻대로 할 수 있는 것들이 없다는 한계를 경험할 때이다. 좋은 직장은 다양한 구성원들이 선명하게 공유된 목표를 함께 추구하면서도 각각 자기의 강점과 의도를 가지고 자율적으로 일하는 문화를 가지고 있다. 한 방향을 추구하되 자유롭다는 상반된 가치의 균형을 이루는 일은 어렵다. 그래서 좋은 직장을 만드는 것이 쉽지 않다.

우리는 연결되어 있을 때 행복하다. 연결의 다른 말은 사랑이다. 우리는 서로를 사랑할 때 행복하다. 사랑할 대상이 있어야 하고 또 사랑을 받아야 한다. 연결은 생명의 근원적인 원리이다. 반대로 단절은 죽음을 의미한다. 땅에서 뿌리가 뽑힌 나무는 시들어 죽고, 나무 줄기에서 부러지거나 잘려 나간 가지는 말라 죽는 것과 같은 이치이다. 홀로 있어서 행복한 존재는 없다. 영원하고 전능하신 하나님도 홀로 계시지 않는다. 영화 〈리틀 포레스트〉에서 재하가 고향으로 돌아온 혜원에게 막 젖을 뗀 강아지 백구를 두고 가면서 "온기가 있는 생명은 다 의지가 되는 법이야."라고 말한 바와 같다.

삶의 여정은 자신의 본능 즉 욕구를 발견하고 그것을 발현해 나가는 수고와 성숙의 과정이다. 어떤 사람은 자기를 여전히 이해하지 못하고 자기와 다투고, 어떤 사람은 자기를 발견하고 기뻐하며 발전시켜 자기다움을 형성하고 자기가 거처하는 아름다운 환경을 창조한다. 이런 일련의 과업은 우리 안의 정신적인 내적 작업이면서 동시에 물적인 외적 작업이다. 자기다운 환경을 창조하는 사람들은 그것이 소박하면 소박한 대로 화려하면 화려한 대로 상관없이 충만하고 행복한 삶을 살며, 타인 행복의 통로가 된다.

지치고 포기하고 싶을 때

'지치고 힘든 순간은 누구에게나 찾아온다. 그 순간 포기하지 않는 사람들의 원동력은 무엇일까?'

독서 모임의 한 멤버가 단체 카톡에 위의 질문을 올렸다. 이 질문에 여러 사람이 각자의 생각을 적어 올렸다. 그것을 읽다가 나는 힘든 순간에 어떻게 했을까 궁금해졌다. 그래서 무척 어려웠고 포기하고 싶었던 때들을 되돌아보았다.

'그만두자. 내가 무슨 영화를 누리겠다고 이 고생을 하나.' 이런 자조적인 독백을 하면서 포기하고 싶은 시기가 있었다. 결말을 미리 말하자면 다행히 포기하지 않았고, 지금은 목적지에 도달했다. 나는 그 시기를 어떻게 포기하지 않고 견뎠을까?

그 당시 이해인 수녀의 시 "어떤 결심"을 출력해서 늘 눈이 마주치는 벽에 붙여 놓았다. 이 시를 어떻게 알게 되었는지는 기억이 잘 나지 않는다. 수녀님은 이 시에서 마음과 몸이 너무 아플 때 꼭 하루씩만 살기로 마음을 먹었다고 했다. 얼마나 아프고 힘이 들었는지 꼭 한 순간씩만 살기로 했다고 고백하였다. 이 시가 크게 위로가 되고 힘이 되어서 하루에도 여러 번 읽었다. '그래, 오늘 하루만 살자. 올라가야 할 저 까마득한 절벽 꼭대기는 바라보지 말고 그냥 눈에 보이는 오늘 하루 몇 걸음이라도 올라가는 거야' 하고 다짐했는데 그게 도움이 되었다.

영화 〈쇼생크 탈출〉에서 발견한 조금 엉뚱한 교훈도 도움이 많이 되었다. 영화는 희망의 힘에 대해 말하는 듯하였지만, 나는 오히려 주인공 듀프레인이 작은 돌을 조각하여 체스 말을 만드는, 쓸데없이 오랜 시간이 소요되는 무료한 행동에 시선이 갔다. 무기징역수가 받는 가혹한 형벌은 일없이 넘쳐 나는 시간이다. 그러다 문득 인간은 주어진 수명만큼 인생이라는 감옥에 갇힌 무기징역수가 아닌가 하는 이상한 생각이 들었다. 듀프레인이 나에게 이렇게 말하는 것 같았다.

"너는 무기징역수와 크게 다르지 않아. 지금 하는 일이 힘들다고 그만두면, 아무것도 안 하고 무엇을 할 건데? 시간은 그냥 남아 있어. 지루한 시간을 어떻게 보낼 거야? 하던 것 포기하지 말고 그냥

해. 그것이 덜 힘들어."

삶을 보는 이런 관점이 신기하게도 도움이 되었다.

카타르 월드컵을 통해서 유명해진 말이 있다. 중요한 것은 꺾이지 않는 마음이라고. 중요한 건 능력이 아니다. 꺾이지 않는 마음이다. 꺾이지 않으려면 풀처럼 누울 수 있어야 한다. 그건 그저 버티는 겸손한 힘이다.

그렇게 걷다 보면 목적지에 도달할 것이다. 힘들면 조금 쉬어 가자. 드라마 〈미스터 션샤인〉의 주인공 애기씨가 힘들면 그만두어도 된다고 말하는 유진 초이에게 '그만두는 일은 언제든 할 수 있으니, 오늘은 걷던 쪽으로 한 걸음 더 걷자'라고 말한 것처럼 크게 숨 쉬고 하늘 한번 바라보고 씩 웃고는 힘을 내자.

나를 위해 싸워 주는 사람

나는 의사를 존경한다. 우리가 다치고 병들어서 가장 약해졌을 때 우리를 위해서 질병과 싸워 주는 사람들이기 때문이다. 내가 혹은 가족이 아플 때 우리가 할 수 있는 것은 그저 실력 있는 의사가 최선을 다해 주기를 응원하는 것뿐이다.

나는 변호사를 존경한다. 다행히 아직은 법무법인을 찾아가서 고액의 수임료를 주며 나 대신 싸워 달라고 하는 일은 없었지만, 드라마에서 여러 사연을 겪는 주인공의 권익을 지키고 확보하기 위해서 치열하게 싸워 주는 변호사들을 보면서 그들을 존경하게 되었다.

나는 드라마 작가를 존경한다. 솔직히 말하자면, 드라마 작가를 존경한 지는 몇 년이 안 되었다. 그들은 우리 인생 싸움터의 종군기자 같다. 세심한 감성으로 사람들의 호흡 하나, 여린 생각 하나를 놓치지 않고 포착하여 기록한다. 그들의 솜씨 덕분에 우리는 전쟁의 상황을 직접 겪지 않고도 생생하게 체험하며 큰 시야로 보고 응원하고 싸움 전략을 세우기도 한다.

인생 드라마라는 강력한 추천을 받고서 보기 시작한 드라마 〈나의 아저씨〉는 초반 몇 회까지는 따분하고 재미가 없었는데, 등장인물들의 캐릭터가 설정되고 이야기가 도입부를 넘어서 전개되기 시작하면서 급속히 재미있어졌다. 서서히 몸이 풀리는 방식은 아마 박해영 작가의 특징인 듯하다.

박동훈 부장이 대부업체를 찾아가 피가 나도록 주먹다짐할 때 충격을 받았다. 이 바쁜 세상, 나와 가족을 건사하기도 벅차서 누가 어려울 때 옆에 있어 주는 일도 쉽지 않은데, 자신에게 아무런 도움도 되지 않는 누군가를 위해서 피가 터지도록 싸우다니!

우리는 대부분 힘들어한다. 힘들다는 것은 지금 싸우는 상대가 힘이 너무 강해서 우리가 역부족이라는 말이다. 그래서 어려울 때 전화하면 기꺼이 달려와서 함께 싸워 주는 친구들과 이웃들과 동료들이 있어야 한다.

젊은 시절에는 내 욕심이 커서 누구를 위해서 싸워 주기가 쉽지 않았다. 싸운 기억이 나지만 그저 혈기만 부렸던 것 같다. 지금은 나이를 먹어서 그런지 정신도 감정도 호르몬도 그때보다 차분해졌다. 혈기 없이 맑은 정신으로 싸울 수 있겠다. 벅찬 상대와 싸우고 있는 사람을 보면 그냥 지나치지 말고 함께 싸워 보자.

다르다는 사실과 다르다는 생각의 차이

"우리는 모두 다르다. 서로가 다르다는 것은 사실이고 다른 것은 문제가 아니다. 그렇지만 다르다고 생각하는 것은 문제이다."

이 말은 정신의학 전문의 대니얼 고틀립(Daniel Gottlieb)이 자폐증을 가지고 있는 손자를 위해 쓴 책《샘에게 보내는 편지》에 나오는 문장이다. 다른 것은 틀린 것이 아니라는 교훈은 흔하게 듣고 있고 다양성은 이미 중요한 가치로 인정받고 있기에, 다르다고 생각하는 것이 문제라는 고틀립의 문장이 마음에 걸렸다. 도대체 이 문장은 무슨 의미일까? 번역이 잘못된 것일까? 아마 그렇지는 않을 것이다. 그래서 일반적이고 건전한 상식에 의지하여 할아버지가 손자인 샘에게 전해 주려는 지혜가 무엇인지를 추측해 보려는 마음이 발동했다.

우리는 모두 다르다는 진술에 나는 동의한다. 지구에서 살고 있는 수십억 사람 중에서 나와 똑같은 사람은 한 사람도 없다. 그리고 '다른 것은 문제가 아니다'라는 의견에도 동의한다. 다양성은 어떤 영역에서든 매우 중요한 강점으로 강조된다. 팀을 구성할 때도 다양한 능력을 지닌 사람들이 모여 함께 팀을 구성하는 것이 좋다. 자연을 보아도 생물의 다양성이 높을수록 생태계가 건강하고 회복력이 높다. 모두 같을 때, 같은 생각만 할 때가 오히려 문제가 된다.

그런데 '다르다고 생각하는 것은 문제다'라는 말에는 동의하기 어렵다. 동의하지 않는 것이 아니라 말하는 이가 무엇을 말하려고 하는지가 잘 이해되지 않는다. 대니얼은 터무니없는 말을 한 것이 아니라 분명 지혜를 주는 말을 했을 것이다.

우리가 누구를 보고 속으로 '저 사람은 우리랑 다르네' 하고 생각한다면, 그때 우리의 생각은 무엇이었을까? 긍정적으로 접근하면 우리랑 다르다는 것을 알아차리고는 그 다름을 배려하고자 한 것일 수도 있다. 하지만 통상적으로는 긍정이 아닌 부정적인 뉘앙스를 풍긴다. 초록은 동색이라고 했다. 유유상종이라는 말도 있다. 어느 정치인이 표를 얻기 위해서 '우리가 남이가!'라며 선동한 일도 있다. 이런 말들에는 인간의 소속감이라는 강력한 욕구와 소외되는 것에 대한 두려움 등이 담겨 있다. 심하게는 다른 부류 내지는 다른 수준의 사람들로 구분 짓고 차별을 만들고 배척하려는 의식을 표현하기도 한다.

이렇게 생각하면서 적어 보니, 샘의 할아버지 대니얼 고틀립이 무슨 말을 하고자 했는지 이해가 된다. 우리는 서로가 다름을 알고 그 다름으로 인해서 기뻐하고 그 다름을 알아서 서로를 배려해야 한다. 그러나 '너는 우리와 다른 부류의 사람이야, 우리는 함께 어울릴 수 없어'라는 식의 차별에 대해서는 싸워야 한다. 만일 내가 어떤 핸디

마음의 레버리지

캡을 가지고 있다면 그것을 이유로 '나는 남들과 같지 않아' 하는 자괴감에 눌리지 않도록 용기 있게 싸워야 한다. 우리는 다르지 않으며 하나라는 포용성이 있을 때 비로소 다양성의 가치가 살아나고 그 힘이 발휘된다.

미디어에서 만나는 성찰

성찰과 감정

알다가도 모를 감정, 너는 누구니?

우리는 머릿속에 쉼 없이 오고 가는 생각, 무엇이라 꼭 집어 말할 수는 없지만 느껴지는 육감과 같은 내적 자극, 시각이나 청각 등 오감을 통해서 경험하는 외적 자극에 대해서 자동적으로 평가를 한다. 이러한 평가는 심장이 의지적 노력 없이 자동으로 뛰듯이 그렇게 자동적으로 이루어진다. 그래야 민첩하게 대응할 수 있기 때문이다.

감정은 다양한 자극에 대해 무의식적으로 작동하는 평가에 기반한 우리의 전인적인 반응이다. 우리는 감정을 통해 발생하는 사건이 우리의 웰빙에 미치는 영향과 의미를 알고 반응한다. 낯선 곳에서 누구와 마주쳤을 때 두려움을 느낀다면 조심하고 방어하기 위해 주의를 집중할 것이다. 반면에 기쁨을 느낀다면 달려 나가서 얼싸안고 춤을 출지도 모르겠다.

감정은 우리의 의도를 타인에게 전달하고 상호작용을 조절하는 의사소통 시스템의 역할도 수행한다. 우리가 상대방과 의사소통할 때 주고받는 메시지의 핵심은 우리의 의도나 욕구 즉 우리가 진심으로 원하는 무엇이다. 상대방이 자신은 아무렇지도 않다고 말하지만 표정에서는 불쾌한 감정이 드러난다면, 웬만큼 둔한 사람이 아니고서는 그가 무언가 불편해한다는 것을 눈치챌 수 있다. 그렇게 상대방의 감정에서 드러나는 그것이 진짜임을 알게 된다. 그래서 소통에 능한 사람들은 대화할 때 사용하는 언어에 자신의 욕구와 감정을 조화롭게 일치시킨다. 또한 상대방이 언어로 의사를 전달하든 혹은 표정으로 의사를 전달하든 그 이면에 담긴 상대방의 욕구와 감정을 잘 포착한다.

이와 같이 감정은 우리가 환경과 교류하고 적응하며 살아가게 하고, 우리를 표현하며 다른 사람들과 소통하고 연결되어 행복한 삶을 살게 하는 적응력이 있는 자원이자 조절 시스템이라고 할 수 있다. 자신의 감정을 잘 이해하고 호흡하고 활용하는 능력은 일상에서 경험하는 다양한 상황에 잘 대처하고 행복하게 살 수 있도록 돕는다. 경쟁, 협상, 갈등, 협력 등 역동적인 사건의 전개와 인간관계를 경험하는 직장에서 감정을 조절하고 활용하는 능력은 성공을 위한 중요한 자원이다.

감정을 포괄하는 개념은 '정동'(affect)이다. 정동은 발생한 무엇이 상대적으로 자신에게 좋은지 혹은 나쁜지 자동적으로 빛의 속도만큼이나 빠르게 이루어지는 우리의 평가와 관련된 감정적 상태를 표현하는 포괄적인 용어이다. 이러한 감정적 상태에는 분노, 즐거움, 슬픔과 같은 감정(emotion), 언짢은, 힘없는 또는 매우 좋은 등과 같은 기분(mood), 그리고 과중한 상황으로 인한 스트레스 반응(stress response)이 포함된다.

감정(emotion)은 학문적으로 용어로는 '정서'라고 한다. 정서 즉 감정은 오감을 통해 경험하는 환경 자극 또는 기억, 생각 등 내적 자극을 우리가 의식적 또는 무의식적으로 해석한 결과로 나타나는 명시적인 우리의 상태이다. 감정은 일반적으로 특정 사건에 의해 발생한다. 예를 들면, 지난주에 친구한테 선물을 받았는데 잊고 있다가 갑자기 기억나서 기뻐할 수 있다. 불합격이라는 문자를 확인하고서는 순식간에 모든 의욕이 사라지는 절망감을 느낄 수도 있다. 이처럼 우리는 겪고 있는 감정이 무엇이며 왜 생겼는지를 어렵지 않게 알수 있다. 그리고 그 감정에 따라서 사건과 관련된 행동을 하게 된다. 화가 나면 소리를 지를 수도 있고 평소와 다르게 냉정하게 거절할수도 있다.

대조적으로 '기분'은 감정보다 덜 강렬하고 덜 명확하다. 우리는 며칠 동안 어떤 특정한 기분을 느끼며 지내기도 한다. 감정의 경우에는 슬픈 이유와 기쁜 이유를 알지만, 기분의 경우에는 무엇 때문이라고 명확하게 연결하기 어렵다. 불분명하고 산만하다. 의욕이 없거나 상쾌한 기분이 드는데 그게 무엇 때문인지 정확히 알기 어렵다. 여러 가지 요소들이 복합적으로 작용하여 나타난 결과이다. 그래서 '그냥 기분이 우울해' 또는 '기분이 좋아' 등의 말로 표현한다. 감정과 기분을 바다의 물결에 비유하자면, 바람에 의해서 직접 영향을 받는 파도는 감정이라고 할 수 있고, 파도의 아래에서 천천히 움직이는 해류는 기분이라고 할 수 있다.

스트레스를 겪을 때 우리가 보이는 반응은 감정과 비슷하지만, 스트레스를 잘 이해하고 관리하기 위해서 구분할 필요가 있다. 스트레스는 일반적으로 상황적 요구를 관리하거나 감당하기 어려울 때 발생하는 부정적이고 명료하지 않은 감정적 상태를 의미한다. 무엇 때문에 스트레스를 받는지 안다는 점에서 감정과 유사하고, 물결처럼 금방 영향을 받아 바뀌는 것이 아니라 해류처럼 흐름이 있다는 면에서 기분과 유사하다. 스트레스로 인한 반응도 감정처럼 특정 사건에 대한 평가에서 비롯되는 전인적(whole-body) 반응이다.

감정은 우리가 주변의 물질적 및 사회적 세계와 상호작용 하는 방식에 큰 영향을 미친다. 감정은 우리가 상황에 더욱 잘 대응할 수 있도록 도움을 준다. 예를 들면, 상대방으로부터 부당한 대접을 받거나 위협을 받을 때 우리는 분노하게 되고, 경험하는 분노는 그 상황에 용기를 가지고 대응하여 문제를 해결하도록 도움을 준다.

하지만 때때로 감정은 우리를 역기능적인 방식으로 대응하도록 몰아가기도 한다. 특히 조절되지 않은 분노 같은 부정적 감정은 개인과 사회에 엄청난 문제를 일으키기도 한다. 감정은 에너지와 같아서 조절되지 않는다면 파괴적인 폭발력을 보인다. 예를 들어 설명하지 않아도 감정이 폭발하여 큰 낭패를 보았던 경험을 어렵지 않게 떠올릴 수 있을 것이다. 그리고 잘 처리되지 못한 채로 누적된 감정적 영향들은 심장이나 뇌의 혈관 관련 질환 또는 암뿐만 아니라 후천성면역결핍증후군 같은 감염성 질병에까지 다양한 형태로 우리의 신체적·정신적 건강에 영향을 준다.

감정과 두뇌

감정은 자극에 대한 평가와 반응이다. 반응에는 우리의 온몸이 관여하지만, 평가에 관여하는 기관은 뇌이다. 구체적으로 감정을 생성하는 두 가지 다른 경로가 있다고 밝혀졌다. 하나는 편도체가 위험을 감지하고 뇌와 신체에 긴급 조난 신호를 보내는 빠른 경로이고, 다른 하나는 정보가 뇌의 중앙에 위치한 시상을 통해 대뇌 피질로 전달되는 상대적으로 느린 경로이다.

더 빠른 편도체 경로는 대뇌 피질 경로보다 2배 이상 빠르게 신호를 전송한다. 그렇기 때문에 뇌가 적절하지 않다고 생각해도 그 감정적 반응을 조절하기 위해서 제때 개입할 수 없다. 만약에 산책하다가 갑자기 발밑에 나타난 뱀을 보았다면 우리는 깜짝 놀라 소리를 지르며 뒤로 물러설 것이다. 너무 놀란 나머지 몸이 얼어붙을지도 모른다. 고집을 피우는 아이에게 화가 나서 자신도 모르게 소리를 지르는 것도 이에 해당한다. 자극을 감지하고 그것을 인지적으로 해석하여 적절한 반응 행동을 선택하기 전에 생존을 위해 진화된 자동적인 감정적 반응이 작동하는 것이다.

편도체와 관련된 빠른 경로의 자극에 대한 초기 인지, 지각, 감정 처리는 기본적으로 적응력이 매우 높다. 그래서 복잡하고 시간 소모적인 처리가 일어나기 전에 중요한 사건에 신속하게 대응하게 해준다. 편도체와 관련된 경로는 인지적으로 통제되지 않기 때문에 우리를 실수하게 만든다는 오해를 받기도 한다. 우리를 비이성적으로 행동하게 하여 힘들게 할 때도 있지만 기본적으로는 우리의 생명과 안녕을 지키기 위해 작용한다. 그처럼 자동적으로 빠르게 대처하지 못한다면 아마도 인류는 생존할 수 없었을 것이다. 편도체는 반응 속도가 빨라야 할 때 작동한다. 속도가 중요한 상황에 처할 때 빠르게 대응하기 위해 편도체가 관장하도록 진화했을 것으로 추론할 수 있다.

그런데 지금의 시대는 우리의 신경 시스템이 진화 과정을 통해서 발달하던 원시 시대와는 너무도 다르다. 위협의 성질이 달라졌다. 속도와 더불어서 적절성이 더욱 중요해졌다. 적절하게 반응하려면 잠시 멈춤이 꼭 필요하다. 편도체가 움직일 때 잠시 멈춤 하고 전전두엽이 개입할 수 있는 찰나의 시간을 주어야 한다. '참을 인(忍) 셋이면 살인도 면한다'라는 옛말이 생긴 이유일 것이다.

전전두엽이 작동할 때는 자동화된 프로그램에 의한 반응을 하지 않으려고 노력해야 한다. 우리의 두뇌는 매우 효율적으로 기능한다고 알려졌다. 그 효율성을 위해 두뇌는 세상을 해석하는 해석의 틀을 만들어 놓고 편리하게 사용한다. 그런데 열에 한두 번은 예외가 생기기 마련이다. 아홉 번 잘하고 한 번 잘못하면 그것으로 치명적인 실수를 할 수 있다. 그러니 감정이 무엇을 하라고 충동질하면 그저 시키는 대로 하지 말고, 그 감정에게 '너는 이름이 뭐야?' 하며 인사를 건네고 잠시 대화를 나누는 시간을 가져야 한다.

뇌과학자와 시인이 설명하는 감정의 차이점

뇌과학자는 인간 생존을 위한 진화론적 관점에서 두뇌의 기능과 감정을 연결하여 설명한다. 그들의 설명에 의하면, 우리가 느끼는 감정은 단순히 편도체가 위험을 감지하고 뇌와 신체에 긴급 조난 신호를 보내어 대비하게 하는 반응 체계이다. 그런데 시인이 말하는 감정은 전혀 다른 차원의 것이다. 시인은 오감으로 느끼는 생생한 자극을 섬세하게 구분한다. 감정은 생존을 위한 방어 체계가 아니라 살아 있음을 온몸으로 체험하고 형상화하는 것이다. 맨살에 느껴지는 섬세한 촉감처럼, 귀를 울리는 소리처럼, 혀의 미각처럼, 심장의 떨림처럼 그렇게 우리의 생명과 존재의 실제이다. 이 두 해석의 차이는 지식의 차이일까, 세계관의 차이일까?

어느 물리학자가 '다채롭고 아름다운 소리는 없다, 그저 파동일 뿐이다'라고 주장한다면, 과학적 지식에 근거한 진실을 말하는 것일까? 스티브 크레인이, 한 남자가 우주에게 '나는 존재한다'라고 말을 건네니, 우주가 '그래서 어쩌라구? 나는 당신의 존재에 대해 아무런 의무감을 느끼지 않아'라고 대답하는 장면을 묘사한 시에서 말하는 차가운 세계관을 보여 주는 것일까?

나는 이 중에서 시인이 말하는 감정의 정의를 선택하고 싶다. 내가 더 고귀한 존재가 되기 때문이다. 저명한 학자가 '다양한 감정이란 건 없다, 감정은 편도체의 반응과 관련된 하나일 뿐이다'라고 주장하는 것을 읽을 때 마음이 메마름을 느꼈다. 우리를 존귀하게 하고, 풍요롭게 하고, 더 큰 세계로 이끄는 것이 진리가 아닐까? 나는 그것을 선택하련다.

긍정적인 감정이 주는 선물

진화론적 세계관에서 보자면, 감정은 인류의 생존을 위해서 특정 기능을 수행했다. 특히 부정적인 감정들은 특정한 행동을 유발하는 경향이 있다. 예를 들면, 우리는 분노를 느낄 때 공격하려는 충동을 경험한다. 그래서 우리를 부당하게 억압하거나 해치려는 상대로부터 우리를 보호하고 대응하는 행동을 하도록 이끈다. 두려움을 느낀다면 아마도 피하려는 충동을 경험할 것이다. 우리의 안녕과 행복에 해가 되는 것을 만나면 혐오감을 느낄 수 있고, 그 감정은 혐오의 대상을 추방하거나 격리하는 행동을 하게 한다.

대체로 부정적인 감정들은 우리를 보호하기 위해서 발생한다. 우리가 가진 모든 자원을 집중하여 우리의 안녕을 해치는 것들에 대항하여 싸워야 하므로 우리의 순간적인 생각과 행동 방식을 단순화시키는 결과를 가져오기도 한다. 부정적인 감정이 즉각적이고 신속하고 단호하게 행동하도록 촉진하는 역할을 제대로 수행하여 위험한 상황에서 우리를 보호하는 것은 부정적 감정의 긍정적인 측면이다.

그러나 과도하고 적절하지 못한 부정적인 감정은 오히려 우리를 해친다. 상대방은 우리의 친구이고 우군인데 적으로 간주하여 공격하게 할 수 있다. 또 계속해서 방어하고 회피하고 물러서기를 반복하면 과도하게 긴장된 신경이 우리의 건강을 무너뜨리고 말 것이다. 부정적인 감정을 제대로 느끼지 못하는 경우도 마찬가지이다. 고통을 느끼지 못하기에 자신을 해치는 사람처럼 정신과 건강과 관계와 삶에 심각한 피해를 준다. 부정적인 감정의 악영향이 너무도 크기 때문에 이에 대한 대처 방안은 질병에 대한 치료만큼이나 중요한 관심사가 되어 왔다.

반면에 긍정적인 감정들의 기능과 역할에 관해서는 별다른 주목을 받지 못했다. 이에 관하여 프레드릭슨(Fredrickson)은, 긍정적인 감정은 부정적인 감정이 유발하는 규모의 문제를 일으키지는 않을지라도, 실제로 부정적인 감정이 일으키는 문제에 대한 중요한 해결책을 제공할 수 있고, 개인과 사회의 웰빙 향상에 기여하는 잠재력이 크다고 강조하였다. 프레드릭슨의 연구에 따르면 긍정적인 감정들은 우리의 생각과 행동 범위를 확장하고 삶의 웰빙에 기여하는 소중한 자원들을 구축한다.

먼저, 우리가 긍정적인 감정을 경험할 때 생각과 행동의 다양성과 유연성이 확대된다. 부정적인 감정을 느낄 때 우리 반응은 특정 행동으로 귀결된다. 반면에 긍정적인 감정은 자동화된 행동 스크립트를 버리고 새롭고 창의적이며 종종 스크립트에 없는 생각과 행동의 경로를 추구하도록 자극한다. 예를 들어, 기쁨은 육체적·사회적 놀이뿐만 아니라 지적·예술적 놀이를 아우르는 가장 넓은 의미에서 놀고(play) 싶은 충동을 불러일으킨다. 흥미는 탐구와 새로운 정보와 경험을 촉구하고, 그 과정에서 자신을 확장하려는 동기를 불러일으킨다. 만족은 현재 삶의 환경을 만끽하게 하며, 이런 상황을 자신과 세상에 대한 새로운 관점으로 통합시키려 한다. 사랑은 사랑하는 사람들과 계속 함께 놀고, 탐구하고, 경험하도록 만든다.

기쁨, 흥미, 만족, 사랑과 같은 긍정적인 감정은 우리의 순간적인 생각-행동 레퍼토리를 넓히는 기능적 특징을 공유할 뿐만 아니라, 시간이 지남에 따라 그 확장된 사고와 행동의 결과로 얻게 되는 물리적 자원에서 심리적 자원, 사회적 자원에 이르기까지 유용하고 지속성 있는 개인 자원을 구축하는 결과를 창출한다. 예를 들어, 기쁨을 경험할 때 우리는 지루하게 여겨졌던 반복적 작업조차 재미있는 게임으로 수행 방식을 바꾸고 함께하는 동료들과의 유대감을 높인다. 즉 기쁨은 사람의 사회성 수준을 높여 주고 뇌 발달을 촉진하는 방식으로 영구적인 심리적 자원과 사회적 자원을 구축한다. 그 외에 다른 긍정적인 감정들 역시 신체적·사회적 자원에서부터 지적이고 심리적인 자원에 이르기까지 웰빙에 필요한 개인의 자원을 유사한 방식으로 증가시킨다.

중요한 것은, 이러한 새로운 자원은 내구성이 있어서 자극적인 감정 경험이 가라앉은 후에도 꾸준히 유지되어 사용할 수 있다는 점이다. 결과적으로 긍정적인 감정이 가져오는 부수적인 효과는 나중에 다른 상황과 다른 감정 상태에서 끌어낼 수 있는 지속적인 개인 자원의 증가로 이어진다.

프레드릭슨과 브래니건(Fredrickson & Branigan)은 간단한 실험으로 부정적인 감정과 긍정적인 감정이 우리의 생각과 행동에 미치는 영향의 차이를 확인했다. 먼저 실험에 참여한 사람들을 세 그룹으로 나누고, 한 그룹에는 기쁨과 만족감을 유발할 수 있는 영상을 보여 주었다. 다른 한 그룹에는 두려움과 분노를 유도할 수 있는 영상을 시청하게 하고, 나머지 한 그룹에는 감정을 유발하지 않는 무미건조한 영상을 보여 주었다. 영상을 시청한 후에 세 그룹의 실험 참가자들은 '나는 ~하고 싶다(I would like to)'라는 문구로 시작하는 최대 20개의 빈 줄에 응답해 달라는 요청을 받았다. 실험 결과, 기쁨과 만족감을 유발하는 영상을 본 사람들은 두려움과 분노를 유발하는 영상을 본 사람들과 비교하여 훨씬 더 많은 문장을 작성하였고, 무미건

마음의 레버리지

조한 영상을 본 사람들이 그다음으로 문장을 작성했고, 부정적인 감정을 야기하는 영상을 본 사람들이 문장을 가장 적게 작성했다.

직장과 일터에서도 부정적인 감정과 긍정적인 감정은 우리 개인의 삶에서 경험하는 것과 유사한 역할을 한다. 두려움을 느끼지 않는 조직은 아마도 망할 것이다. 그러기에 경영진들이 항상 지금이 위기라고 강조하는 것이리라. 하지만 과도한 부정적 감정은 조직을 병들게 한다. 반면에 긍정적인 감정들은 유연하고 혁신적이며 창의적일 뿐만 아니라 철저하고 효율적인 전략의 수립과 실천을 촉진한다. 또한 긍정적인 감정이 주를 이루는 조직 분위기에서 구성원들은 서로에게 관대하고 다름을 수용하고 이해하며 기꺼이 돕는다.

그러면 이제 남은 과제는 분명하다. 긍정적인 감정을 더 많이 더 자주 경험하는 일상을 살고 그런 조직문화를 조성하기 위해 무엇을 할 것인가?

감정 조절의 힘

인생의 계기판, 감정 조절력

감정은 우리가 직접적으로 조절할 수 있는 대상일까? 우리가 살아온 경험을 살펴보면 조절한 때도 있었고 조절하지 못한 때도 있었다. 생존을 위해 자극을 감지하고 효과적으로 반응하도록 진화했다는 관점에서 본다면, 감정은 행동에 광범위한 영향을 미치는 저항할 수 없는 자동적 힘으로 이해될 수 있다. 우리가 심장의 박동을 인지적으로 조절할 수 없는 것처럼 말이다(이것은 정말 다행한 일이다).

하지만 감정이 주의를 이끄는 방식, 감정적 경험을 형성하는 인지적 평가, 감정의 생리학적 결과를 포함하여 감정을 다루는 과정의 거의 모든 측면을 조절할 수 있는 것으로 밝혀졌다. 누구든 축 처진 기분을 추스르기 위해서 자신을 기분 좋게 해주는 어떤 행동('소확행'

이라고 부르는 것들)을 했던 경험이 있고 그 결과로 자연스레 기분을 전환할 수 있었을 것이다.

감정의 기능, 힘, 그리고 결과를 고려할 때, 감정을 조절할 수 있는 능력은 자기 조절의 핵심적 요인이라고 할 수 있다. 감정 조절은 감정이 도움이 되는 방식으로 작동하도록 어떤 감정을 언제 어떻게 경험하고 표현하는지에 영향을 미치려는 과정이자 능력이다. 감정을 잘 조절하고 활용하는 사람은 자신의 감정적 반응을 관찰하고 평가하고 수정한다. 자신이 어떤 일로 인해서 화가 나고 기뻐하고 우울해하는지 등을 잘 아는 것이다. 그리고 감정이 행동에 미치는 영향에 일방적으로 휘둘리지 않고 오히려 어떤 목적을 가지고 의지적으로 감정을 전환할 수 있다.

갓난아기는 자기의 감정을 그대로 표현한다. 하지만 유치원을 다니는 정도만 되더라도 자기의 감정 표현을 조절하는 것을 보게 된다. 우리는 의도와 목적을 가지고 자신이 어떤 감정을 느끼고 있는지, 언제 경험하고 어떻게 표현하는지에 영향을 미치려고 노력한다. 자녀가 원하는 대학에 합격하여 기뻐하며 자랑하고 싶지만, 좋은 소식을 듣지 못한 친구를 고려하여 너무 좋아하지 않고 참을 수 있다. 이처럼 사람들은 주변 상황을 고려하여 적절한 방식으로 자신의 감정을 조절한다. 이를 잘하지 못하면 인간관계에서 낭패를 경험할 수도 있고 미성숙하다는 인상을 줄 수도 있다.

그렇다고 해서 감정 조절을 감정에 솔직하지 않고 거짓으로 표현한다는 의미로 이해하는 것은 곤란하다. 그것은 감정 기만으로 감정 조절과는 다르다. 감정을 속이고 기만하는 일이 오래 지속되면 자신의 정신적·신체적 건강뿐 아니라 인간관계에 큰 해를 입게 된다.

우리가 관심을 가지는 감정 조절은 감정이 우리에게 건강한 방식, 우리를 더 행복하게 하는 방식으로 작용할 수 있도록 조절하는 것을 의미한다. 과도한 스트레스를 조절하려는 노력이나 스트레스 조절 능력이 좋은 예이다. 스트레스 대처는 적응할 수 있는 자기의 능력을 초과하거나 과중한 것으로 판단되는 상황적 요구를 관리하기 위한 행동적이고 인지적인 시도를 의미한다. 스트레스에 대응하는 방법은, 스트레스를 일으키는 특정 문제를 해결하여 스트레스를 조절하는 방식과 특정 문제로 인해 발생하는 자신의 감정적 반응을 조절하려는 노력으로 구분할 수 있다. 이를 감정 조절 방법으로 일반화시키면, 하나는 목적하는 감정을 보다 많이 경험하기 위해서 상황이나 환경을 변화시키는 방법이고, 다른 하나는 경험하고 있는 감정을 건강하게 조절하고 활용하는 방법이다.

감정 조절은 우리의 생리학적 기능, 사회적 관계, 행동적 방식, 의식적 및 무의식적 인지 과정 모두와 관련이 있다. 예를 들어, '생리학적 기능'은 빨라지는 맥박, 증가하는 호흡수(혹은 숨 가쁨), 발한 또는 기타 생리적 각성에 의한 조절 등이다. '사회적 관계'는 우리가 흔히 사용하는 감정 조절 방법 중 하나다. 속이 상하는 일이 있어서 마음이 힘들다면 속을 터놓고 이야기할 수 있는 친구를 만나서 대화를 나누는 것은 매우 좋은 방법이다. '행동적 방식'에서는 다양한 행동 (대처) 반응을 통해 감정을 조절할 수 있다. 코인 노래방에 가서 소리를 지르며 노래를 부르거나, 엉엉 울거나, 또는 가만히 자리를 피하고 물러날 수도 있다. 또한 감정은 선택적 주의 과정, 기억 왜곡, 부정 또는 투영과 같은 무의식적 인지 작용으로 조절되기도 한다. 감당하기 어려운 충격을 받았을 때 그 기억을 상실하게 하여 스스로를 보호하고자 하는 해리 현상 등이 여기에 해당한다. 자신을 비난하거나 다른 사람을 비난하거나 반추하거나 사건을 재해석하는 등의 의식적인 인지(대처) 과정에 의해 감정이 조절될 수도 있다.

심리학자 그로스(Gross)에 의하면, 우리가 감정을 조절하려는 동기를 쾌락적 관점과 비쾌락적 관점으로 구분할 수 있다. 전통적인 설명은 쾌락적 관점이다. 우리는 부정적인 상태를 감소시키고 긍정적인 상태를 증가시키기를 원한다. 그래서 분노, 슬픔, 불안, 우울 등의 부정적인 감정을 하향 조절하려고 노력한다. 화를 내야 할 때 건강하게 화를 낼 수 있어야 하겠지만 계속 화난 상태로 있으면, 관계가 깨어질 수 있고, 평판에 큰 손해를 입고, 더 나쁘게는 건강을 해칠수 있다. 사람들은 또한 사랑, 관심, 기쁨의 감정에 특히 중점을 두고 긍정적인 감정을 더 자주 많이 경험하려고 한다. 자신에게 기쁨을 주고 행복감을 주는 행동이나 활동을 주도적으로 선택해서 열심히 하는 사람은 지혜로운 삶의 태도를 가졌다.

비쾌락적 관점에 따르면, 사람은 많은 경우 쾌락과는 직접적인 상관이 없이 어떤 의도를 가지고 목표를 달성하기 위해서 감정을 조절한다. 우리는 화를 내는 것이 자신의 혈압과 신경에 좋지 않을 수 있다는 것을 알면서도 일부러 분노의 감정을 느끼고 유지하려 한다. 왜냐하면 그 분노의 감정이 원하는 목표를 달성하는 데 연료를 공급하기 때문이다. 사람들은 즉각적인 이익이 미래의 이익보다 클 때는 즐거운 감정을 느끼고 싶어 하지만, 미래의 이익이 눈앞의 이익보다 클 때는 지금은 비록 힘들고 불쾌하더라도 더 유용한 감정을 선호하기도 한다. 감정을 도구로 사용하기 위해 조절하는 것이다.

원하는 목표를 달성하기 위해 의도적으로 감정을 조절한다는 표현이 좀 기계적으로 들리기도 하고, 사업권 다툼이나 정치권에서 볼 수 있는 권모술수처럼 거창하게 느껴질 수 있지만, 실상은 매우 일상적이다. 예를 들어, 취업을 위해 면접을 보는 중이라면 면접관의 질문에 대답할 때 좋은 인상을 주기 위해 실제보다 더 열정적이고 긍정적인 태도를 보이기 위해서 노력할 것이다. 또는 누군가 실수했을 때 그 사람에게 무안을 주지 않으려고 의도적으로 웃음을 참을 수 있다.

분노, 슬픔 등 부정적 감정보다는 기쁨, 호기심 등 긍정적 감정을 더 많이 느끼려는 쾌락적 동기에 의해서 감정을 조절하는 경우, 그리고 목적하는 바를 달성하기 위해 도구로 사용하려는 비쾌락적 동기를 가지고 의식적으로 감정을 조절하는 경우 모두 의식적이고 의지적인 노력으로 이루어진다.

감정을 건강하게 효과적으로 조절하는 방법은 대략 다음의 4단계로 구성된다. 첫 번째 단계는 우선 자신이 느끼고 있는 감정을 알고 이해하는 것이다. 우리는 종종 자신이 느끼는 감정이 무엇인지를 정확히 모른다. 화가 나지만 자신이 화내고 있는 줄을 모를 수 있다. 슬프지만 진심으로 자신은 슬프지 않다고 말할 수도 있다. 분노를 경험하면서도 그 감정이 슬픔이라고 생각할 수 있다. 무엇을 느끼고는 있지만 정확히 이것이 어떤 감정인지 설명하기 어려울 때도 있다. 감정을 잘 모르는 이유는 감정을 중요하지 않은 것으로 무시하며 살아왔기 때문일 것이다. 감정이 우리 삶에 주는 혜택과 힘을 충분히 활용하려면 감정을 중요하게 여기고 관심을 가져야 한다. 그 시작은 지금 무엇을 느끼고 있는지 알고 이해하려고 관심을 기울이는 일이다.

두 번째 단계는 자기가 느끼는 감정을 그대로 수용하는 것이다. 감정을 잘 조절한다고 주장하는 사람을 보면 흔히 조절하는 것이 아니라 억누르거나 무시하는 경우가 많다. 슬퍼도 눈물을 참는 것, 화가 치밀어도 얼굴에 미소를 짓는 것이 감정 조절은 아니다. 물론 그렇다고 슬프면 때와 장소에 상관없이 펑펑 울고 화가 나면 화를 내라는 말은 아니다. 수용한다는 것은 자기의 감정을 중요하게 여기고 귀를 기울인다는 뜻이다. 중요한 손님이 오면 우리는 소홀히 대접하지 않는다. 우리가 느끼는 감정도 이유가 있어서 또 우리를 위해서 찾아온 것으로 받아들이면 좋다.

우리가 감정을 외면하면 그 감정은 계속 문 앞에 머무른다. 외면하여 어디론가 사라진 듯하지만 그렇지 않다. 인식하지 않을지라도 여전히 머물러 있다. 그리고 계속 외면당하면, 그것이 누적되어서 화산처럼 폭발하는 날이 오기 마련이다. 마치 친구의 감정에 '그랬구나' 하면서 공감하듯이 자기의 감정에 '내가 지금 어떠하구나' 하고 공감하면 된다. 있는 그대로 수용하면서 찾아온 감정이 나에게 무엇을 알려 주려고 왔는지 잘 들어 보면 된다.

세 번째 단계는 수용을 통해서 감정으로부터 자유로워진 후에 감정이 주는 에너지를 유용한 방향으로 활용하는 것이다. 거친 감정은 우리를 충동질한다. 충동에 따라 더 무기력해질 수도 있고 더 폭력적으로 행동할 수도 있고 후회할 행동을 하게 될 수도 있다. 아마 그래서 우리는 감정을 외면하려고 하는지도 모른다. 그러나 놀랍게도 마주하면 오히려 자유로워지는 것을 느낀다. 중요한 프레젠테이션을 앞두고 무척 긴장할 경우, 긴장하지 않은 척 애써 보아도 도움이 되질 않는다. 오히려 '아이고 내가 많이 긴장하고 있네, 좋은 결과를 얻어야 한다는 부담이 너무 큰가 보다' 하고 받아 주면 긴장이 우리를 흔들지 않게 된다. 이 단계가 되어야 원하는 목표를 얻기 위해서 감정을 원하는 방향으로 조절할 수 있는 능력이 생기게 된다.

스트레스가 건강에 미치는 영향을 연구한 켈리 맥고니걸은 지금 경험하고 있는 스트레스를 이해하고 수용하면 수축된 혈관이 확장된다는 놀라운 실험 결과를 발표하였다. 수용된 긴장은 떨려서 실수하게 만드는 작용을 하는 것이 아니라 혈액 순환을 촉진하여 평소보다 더 높은 활력과 기량을 펼치도록 도와주는 기능을 할 것이다.

　마지막, 감정 조절의 네 번째 단계는 감정을 원하는 감정으로 전환하는 것이다. 우리 주위에는 감정 유연성이 탁월한 사람들이 있다. 그들은 자신과 타인이 느끼는 감정을 잘 알고 이해한다. 감정을 존중하고 수용하고 감정이 전해 주는 정보를 긍정적으로 활용한다. 그리고 상황에 맞는 적절한 방법과 전략을 활용해서 분위기를 전환한다. 이들은 감정 유연성이 뛰어나다. 하나의 감정에 사로잡혀 오래 머물러 있지 않는다. 반면에 화가 나면 며칠이고 화를 풀지 않는 사람들이 있다. 며칠이 아니라 몇 달을 그렇게 화가 난 상태로 있는 사람도 있다. 감정에 붙들려서 감정을 전환할 수 있는 유연성이 매우 낮아서 그렇다.

　감정은 손에 잡히는 것이 아니므로 의지를 가지고 제어하기가 어렵다. 그래서 감정을 전환할 때는 우리의 의지를 활용할 수 있는 행동을 이용하면 좋다. 예를 들면, 중요한 안건을 논의하고 의사 결정을 해야 하는 중역 회의에서 경직된 분위기에 압도당하여 창의적인 생각을 하기가 어려울 수 있다. 그래서 회의를 시작하면서 잠시 웃고 시작하려고 아이스 브레이킹 활동을 하거나, 코미디언을 초청하여 모두가 배를 잡고 웃을 정도로 크게 웃은 다음에 회의를 시작하는 일들이 이에 해당한다. 감정 조절은 개인에게만 적용되는 것이 아니라 조직이나 기업에도 중요하게 적용된다.

나의 마음은 얼마나 유연한가?

사람은 자신의 마음이 만든 세상에서 산다. 화엄경은 '일체유심조'(一切唯心造) 즉 '모든 것은 오직 마음이 지어낸다'라고 하였다. 이러한 철학은 인간의 한계와 인간의 위대함을 동시에 보여 준다.

한계와 관련해서, 인간은 자기가 만든 작은 세상에서 산다. 내가 보는 것은 진실이 아니며, 내 마음이 해석하고 창조한 것이다. 그러니 실체와 거리가 멀 수 있다. 그러나 마음을 바꿈으로 세상을 바꿀 수 있다. 그것이 인간의 위대함이다. 인간을 구속하는 것도 마음이고 해방시키는 것도 마음이다. 그래서 철학자들은 동시대를 살아가는 사람들을 억압하는 사상과 믿음의 허상을 깨트리려고 하였다. 나는 마음을 얼마나 바꿀 수 있는가? 나의 마음은 얼마나 유연한가?

대상을 선과 악의 관점에서 바라보게 하는 가르침이 있다. '이혼은 악한가, 선한가?' 지금은 사상의 해체와 재구성이 급속히 이루어지는 시대이지만, 이혼에 대해서는 중립적 시각보다는 부정적인 시각이 많을 것이다. 드라마 〈신성한 이혼〉을 접하고는 역발상의 이름에 놀랐다. 이혼이 신성할 수 있다고? 역시 부정적인 시각에 대해 도전하기 때문에 이름을 그렇게 지었을 것이다.

사람마다 사연이 다르고 아프다. 그래서 정형화하는 우리의 시각은 편협하기 그지없고 폭력적이다. 종교가 인간을 해방하는 위대한 일을 하면서도 어떤 지도자들의 어리석음과 욕망으로 인해 인간을 억압하는 마음의 틀을 만들어 내기도 한다. 그중의 하나가 대상을 선과 악의 안경으로 보게 하는 가르침 아닌가.

역사는 인간의 억압을 깨트리는 방향으로 발전해 왔다. 나는 중세를 살아 보지 않았고, 조선 시대를 살아 보지 않았고, 유신 시대를 살아 보지 않았고 다만 책으로 또 영화로 간접적으로 알고 있다. 내가 아는 지식의 범위에서 지금의 시대에도 여전히 인간을 억압하는 것들이 많지만, 적어도 그때보다는 나아진 듯하다. 그중의 하나가 결혼에 관한 생각이다.

결혼은 상호 이익에 따라 계약하고 이익이 종결되면 해지하는 관행적인 계약 관계가 아니다. 물론 그렇게 보는 사람들도 있겠으나, 결혼은 인간이 누릴 수 있는 그리고 창조할 수 있는 참으로 아름다운 관계일 것이다. 그러므로 이혼하지 말라는 가르침은 신성하다. 결혼이 신성하므로 역설적으로 신성한 이혼이 존재한다.

비슷하게 최은영의 단편소설 〈내게 무해한 사람〉을 읽었을 때도 무언가를 느꼈다. 나는 동성애를 지지하지 않기에 동성애가 무엇이라고 말하기에는 많이 부족하지만, 동성애를 지지하는 세계관을 이해했을 때 강렬하게 나에게 영향을 미치는 느낌을 받았다.

요즘 드라마에서는 여자와 여자가 그리고 남자와 남자가 서로에게 끌려서 사랑을 표현하는 장면들이 많이 나온다. 드라마의 상황과 장면은 보는 이가 자연스레 공감하고 안도와 기쁨의 웃음을 지으며 그 두 사람을 응원할 수 있도록 설정된다. 미국 드라마 〈볼드 타입〉은 특히 그런 이야기를 의도적으로 설정하여 펼친다. 누군가 억울한 마음에 외친다. "하지만 우리가 옳았어요." 그 말을 담담하게 받는다. "중요한 게 그것만이었으면 좋을 텐데, 하지만 옳은 것이 늘 충분하지는 않아." 시즌 1의 4회에서 나오는 대화는 의미심장하게 들렸다.

힘든 감정과 씨름하는 당신에게

나는 요즘 내가 잘 지내지 못하고 있다는 것을 안다. 어떻게 그것을 아냐고? 나의 감정이 그렇다고 알려 준다. 지금 나의 감정이 어떠하고 내게 무엇을 알려 주며 어디에서 왔는지를 살펴보는 성찰을 통해서도 알게 된다. 그리고 객관적일 수는 없지만 내가 가지고 있는 암묵적 이론, 암묵적이기 때문에 명확하게 진술하기는 어렵지만 그래도 이론이라고 칭할 만큼 상당히 체계를 갖춘 내면의 인식이 지금의 상태는 좋지 않다고 말해 준다.

오랫동안 사용하였기에 성능이 떨어지고 있고 정비가 필요한 시점인데, 그것을 알고 있으나 스스로는 정비하지는 못하는 자동차와 같다는 생각이 든다. 과연 나는 나를 스스로 정비할 수 있을까? 그럴 수 있다면 어떻게 해야 하나? 정비 매뉴얼은 어디에 있을까? 만일 그런 것이 있다면 무엇이라고 설명되어 있을까? 그런데 정작 그것을 안다고 해서 그 지식을 적용하여 나를 바꿀 수 있을까?

수전 데이비드의 연구가 어떤 실마리를 준다. 수전은 하버드 비즈니스 리뷰에서 주목한 연구 "감정 민첩성"(EMOTIONAL AGILITY: Get

Unstuck, Embrace Change, and Thrive in Work and Life)에서 일상의 생각, 감정, 자기 이야기 등 내면세계를 탐색하는 방식은 인생의 성공을 결정하는 가장 중요한 요소이며, 그것이 우리의 행동, 경력, 관계, 행복, 건강 등 모든 것을 주도한다고 강조한다. 그러고는 감정적으로 민첩한 사람들도 스트레스와 좌절에 면역이 되지 않는다는 점은 동일하지만, 이들의 차이점은 자신의 감정에서 상황과 상호작용에 대한 비판적 통찰력을 얻는 방법을 알고 있으며, 이 지식을 사용하여 자기의 가치와 행동을 조정하고, 적응하려고 최선을 다하는 데 있다고 말한다.

어려운 감정을 느끼기 때문에 어려운 상황일까, 아니면 어려운 상황이기에 어려운 감정을 느끼는 것일까? 수전은 그렇게 감정과 씨름하지 말라고 조언하며, 당신을 자주 어렵게 하는 부정적 감정들에 면역력이 생기지도 않는다고 알려 준다. 그러므로 반복해서 연습할 것은 감정을 나를 위해 찾아온 전령으로 대하는 자세이다. 감정이 외치는 정보를 잘 경청하고 그것이 합당한지를 살펴서 받아들일 것은 수용하고 억지인 것은 잘 타이른 후에 내가 할 수 있는 작은 행동을 바꿀 수 있어야 한다.

감정 조절의 힘

부정적 감정이 주는 유익

▲

일이 틀어질 때

일이 기대하였던 대로 술술 풀리는 날이 얼마나 될까? 갑작스레 약속을 변경하는 친구의 당황스러운 전화와 같은 사소하고 작은 일에서부터, 성사되었다고 철석같이 믿었던 계약이 무기한 연장되거나 무참히 폭락하는 주식 등등 세상일은 우리가 원하는 대로 또 예측한 대로 진행되지 않는 경우가 더 많은 듯하다. 일이 틀어지면 당황하고 속상하고 화가 나기 마련이다. 아니 어떻게 그럴 수가 있지? 도대체 다른 사람 입장은 조금이라도 생각이나 하는 거야?

그런데 살면서 깨닫는 것은, 기대에 어긋나는 일을 경험할 때의 이런 당연한 반응들이 꼭 자연스러운 것만은 아니라는 점이다. 속상하니 화를 내는 식으로 반응하는 것이 그다지 도움이 되지 않을뿐더러 다른 방식으로 반응할 수도 있다. 일종의 새옹지마와 같은 시각이기는 한데, 다음에 일이 어떻게 흘러갈지에 대한 호기심을 가지고 상황에 능동적으로 대응하는 사람들이 있다. 일이 틀어졌는데도 실망하거나 화를 내거나 하지 않고 "음 그래요? 그럴 만한 사정이 있겠지요", "더 좋은 일들이 있으려나 봅니다"와 같이 말하며, 인생을 긍정으로 마주하는 사람들을 종종 만난다. 그런 사람들을 만나면 신기하고 기분이 좋아지고, 나에게도 긍정이 전염되어 힘이 난다.

푸시킨이 노래한 "삶이 그대를 속일지라도 슬퍼하거나 노여워하지 말라" 정도의 영감을 주는 통찰은 아니어도 좋다. 두 번 보는 영화는 다음 이야기를 모두 알기 때문에 흥미가 반감되곤 한다. 그러니 우리 인생에 서프라이즈가 있는 것이 좋지 않은가. 일이 틀어질 때 실망하거나 화를 내기보다, 일이 어떻게 진행될 것인지 호기심과 기대감을 품고 바라보면서 능동적으로 대응해 보자.

패망으로 이끄는 두려움, 승리로 이끄는 두려움

사울 왕은 소년 다윗이 두려웠다. 다윗이 이스라엘에서 명성을 점점 얻어 가자, 사울은 "다윗이 얻을 것이 이제 이스라엘 왕이 되는 것 말고 더 무엇이 있겠는가!"라며 공공연하게 말할 정도로 적대감을 드러내었고, 결국은 그를 죽음으로 내모는 술책을 쓰기 시작했다.

사울은 사람이 두려움에 사로잡힐 때 어떤 실수를 하게 되는지를

부정적 감정이 주는 유익

보여 준다. 두려움에 사로잡히면 시야가 좁아지고 나쁜 결정을 하게 된다. 지켜야 할 원칙 따위는 안중에도 없다. 두려움에 빠진 사람은 자기가 가진 것을 지키기 위해서라면 무엇이든지 다 하는, 나쁜 거래를 하는 지경에 이른다.

다윗 역시 두려움을 느끼고 있었다. 그는 사울 왕이 자기를 사위로 삼으려고 하자 '나같이 낮은 가문의 사람이 어떻게 왕의 사위가 될 수 있는가!' 하며 염려했고, 축하해 주는 주변 사람들에게 "당신들은 왕의 사위가 되는 일을 가벼운 일로 보느냐"라며 역정을 내었다. 다윗은 전쟁에서 연승을 거두며 이스라엘에서 명성을 얻어 가면서도 고개를 들고 자만하지 않았고 자기를 낮추었다.

다윗은 사람이 두려움을 갖게 될 때 어떻게 실수를 예방하고 조심하게 하는지를 보여 준다. 두려움이 없다면 사람은 조심하지 않게 되고 무모한 선택을 하고 큰 패착을 저지른다. 전쟁의 역사에는 마땅히 두려워해야 하는데 두려워하지 않았기 때문에 순식간에 몰락한 장군들의 이야기가 무수히 많다. 우리가 잘 아는, 이순신을 질투했던 원균 역시 그러한 사람 중 하나일 것이다.

두려움은 나쁜 것이기도 하지만 좋은 것이기도 하다. 사울 왕에게 두려움은 그의 눈을 어둡게 하였고 그를 실패로 내모는 역할을 하였다. 다윗에게 두려움은 그가 실패의 길로 나아가지 않도록 지켜 주는 역할을 했다. 왜 이런 차이가 나타났을까? 욕망이 무엇을 향하고 있었는가가 그 차이를 만들었으리라. 사울 왕은 가진 것을 움켜쥐려고 했고 그것을 빼앗길까 두려워했다. 다윗은 자기에게 맡겨진 소명에 합당하게 행하고자 했다. 그래서 자기가 실패할까 두려워했다.

선거철이 다가오면 권력을 쟁취하기 위한 치열한 일전이 벌어진다. 전쟁에 참여한 군인들이 그러하듯 선거의 참가자들도 두려움을 느낄 것이다. 어디 정치뿐이랴. 경쟁의 원리가 지배하는 세상에는 이기고자 하는 욕망과 패배에 대한 두려움이 참가자들을 휘몰아 간다. 선한 두려움을 느끼는 자들이 승리하길 기원한다.

걱정이 있어서 산다

무엇을 가지고 있는데 그것이 자신을 힘들게 하거나 손해를 입힌다면 그 방법은 두 가지다. 하나는 아까워하지 말고 그것을 과감히 버리는 것이고, 다른 하나는 새로운 쓸모를 발견하는 것이다.

내가 버리고 싶은 것 중의 하나는 걱정하는 습관이다. 다른 사람들은 어떤지를 알 수 없지만, 내가 보기에 나는 걱정을 참 많이 한다. 과도하게 걱정하는 습관은 우리의 건강과 삶의 전반에 해로운 결과를 가져온다는 것이 수많은 연구에서 밝혀졌다.

걱정의 대상들은 대부분이 지나간 어제의 일에 대한 후회나 억울함과 관련이 있거나, 아직은 다가오지 않은 그래서 조금은 막연한 미래의 일들에 대한 염려와 불안과 관련 있다. 별로 쓸모가 없는 마음의 근심일 뿐이다. 걱정한다고 문제가 해결되지도 않고 일이 잘 풀리지도 않는다. 그래서 걱정하지 말자, 현재에 살자, 감사하자 등등 굳은 다짐도 여러 번 해 보지만, 기질적인 특성과 관련 있어서 그런지는 몰라도 좀처럼 걱정하는 습관이 고쳐지질 않는다. 에너지는 많이 쓰고 결과는 더 나빠지는 악순환이니, 걱정하는 나 자신을 보면 속상하기도 하고 화가 나기도 한다.

버리기 힘들다면 용도를 찾아보아야 한다. 나에게 있어서 걱정의 용도는 무엇일까? 걱정의 용도는 고통의 용도와 그리 다르지 않다. 고통이 없다면 우리의 인생은 금방 망가지고 말 것이다. 그러니 나에게서 걱정은 나를 지켜 주는 보안관 역할을 할 수도 있겠다.

걱정하기 때문에 조금이라도 준비를 더 하게 된다는 것을 깨닫는다. 아이러니하게도 나는 걱정이 많으면서도 생각하고 행동하는 사람이라기보다는 행동이 앞서는 약간은 충동적인 성향을 함께 가지고 있다. 걱정하는 신경성의 기질이 즉흥성을 보완해 줄 수 있다는 점을 깨달았다. 결정이 빨라서 손해를 본 아픈 기억이 많다.

걱정은 부정적인 감정에 속하기 때문에 기쁨, 희망, 감사, 호기심 등과 같은 긍정적인 감정의 경험을 방해한다. 그런데 걱정의 긍정적인 용도를 알게 되니, 걱정하느라 힘을 많이 쓰는 나 자신에게 열심히 사느라 고생이 많다고 격려하는 긍정적인 감정을 느끼게 된다. 감정의 반전이다.

무엇이든 사물에는 유용한 용도가 있다. 우리를 힘들게 하는 무엇이 있는데 버릴 수는 없다면 그것의 다른 용도를 찾아보자.

자녀에게 화를 내고 후회하는 부모님에게

한 부모님으로부터 자녀의 어떤 행동에 화가 나서 화를 내고서는, 화낸 것을 후회하며 자녀에게 사과하였다는 말을 들었다. 이야기를 다 듣고서 나는 그러지 마시라고 어깃장을 놓았다. 그런 우리를 지켜보던 다른 분이 나에게 이유가 무엇인지 물었다. 사과하지 않는 것이 좋겠다는 나의 답변은 즉흥적이고 약간은 감정적인 반응이었지만, 내가 그렇게 말한 것에는 나름의 이유가 있다.

첫째, 화 또는 분노는 건강한 감정이자 행동이기 때문이다. 심리적 어려움을 호소하고 심한 경우 치료적 도움을 받아야 하는 사례를 보면, 화를 내어야 할 때 내지 못했기 때문인 경우가 꽤 많다. 그런 사람들에게는 상담 혹은 치료 과정에서 그 당시에 하고 싶었던 말이 무엇이었는지 발견하고 말할 기회를 만드는 접근이 효과를 보인다. 또한 자신의 방어기제에 눌려서 제대로 인정해 주지 못했던 감정을 발견하고 늦게라도 그 감정이 하는 말을 듣고 수용하는 기회를 가지면서 회복되는 경우도 많다.

꽤 많은 사람이 화를 내는 행동 자체를 잘못된 것으로 여기는 신념을 가지고 있다. 자신의 감정 조절에 실패하여 본인 기준에서 화를 심하게 내었다고 생각하고 자책한다. 꼭 그래야 하는가 반문해 보고, 당신의 감정도 소중하다고, 할 말은 하고 살아야지 않느냐고 격려하고 싶다.

둘째, 부모와 자녀가 목소리를 높이며 논쟁을 벌이는 행동이 자녀

부정적 감정이 주는 유익

를 건강하게 만드는 면도 있기 때문이다. 당신은 평소에 충분히 좋은 부모였기 때문에 당신을 화나게 할 만한 행동을 한 자녀에게 소리를 쳐도 된다고 말하고 싶다. 자녀들도 그들 나름의 합당한 이유가 있기에 그런 선택과 행동을 한 것이므로, 왜 엄마 아빠는 본인 입장만 생각하냐고 받아치면서 대들어도 좋다. 다만 서로가 동등한 위치에서 싸워야지 "부모님에게 그렇게 말하라고 가르치던? 그게 무슨 말버릇이니?" 하는 식을 말을 하면서 권위로 자녀를 누르려는 행동은 안 된다. 이건 정말 좋지 않다. 오히려 반대로 "어디서 상대방이 힘이 좀 있다고 화를 내면서 너를 윽박지를 때, 기죽지 말고 엄마 아빠에게 하듯이 당당하게 맞서거라"고 알려 주어야 한다.

세상에는 관계에 상처를 주는 것을 두려워하지 않고 마음 놓고 후련하게 감정을 드러내고 논쟁을 벌일 수 있는, 안전하고 신뢰할 수 있는 대상이 그리 많지 않다. 습관적으로 약자인 자녀에게 화를 내거나 반대로 모든 것에 반대하기 위해 반항하는 자녀가 아니라면, 부모와 자녀는 논쟁에서 서로 신뢰할 수 있는 대상이 되기에 충분하다.

셋째, 부모를 화나게 한 자녀의 어떤 행동에 관해 대화할 소중한 기회를 내던져 버리고, 본말이 전도되어 화를 내었다는 그 사실에 너무 집중하기 때문이다. 우리는 화를 낸 자체를 잘못된 행동으로 취급하는 경향이 있다. 싸우다가 코피가 나면 진 거라는 말을 들은 적이 있는데, 비슷하게 대화 중에 누가 언성을 높이면 그것으로 죄인이 되고 분노를 표출한 행동에 대해 정죄를 받는다. 화낸 자신에 대해 부끄러워하며 서둘러 사과하는 행동은 자녀를 위한 행동이 아니라 좋은 부모이기를 원하는 자기중심적 행동이 아니냐고 반문하고 싶다. 듣기 좋은 소리를 하는 것은 쉽다. 싫은 말을 하는 것이 어렵다.

장석주 시인은 대추 한 알을 보고서는 "저게 저절로 붉어질 리는 없다. 저 안에 태풍 몇 개, 저 안에 천둥 몇 개, 저 안에 벼락 몇 개, 저 안에 번개 몇 개가 들어 있어서 붉게 익히는 것일 게다"라고 노래했다. 시인은 다른 의미에서 노래했겠으나 나는 그 시가 인간관계에도 적용될 수 있다고 생각한다. 붉게 익어 달달하고 아삭한 대추같이 맛있는 인간관계는 태풍이 몰아치듯이 화를 내면서 싸운 경험을 통과하면서 건강하고 견고하게 만들어졌으리라. 감정이 가라앉고 나서 서로가 상대에게 '아까는 화를 내서 미안했어. 화를 낸 건 미안한데 내가 하려고 했던 말은…' 하면서 차근차근 말하다가 '아니 그럼 화를 내었다고 사과는 왜 한 거야' 하면서 다시 싸우기도 하는 그런 모습을 보고 싶다.

이게 화낼 일이야?

나는 화가 많다. 못마땅한 것도 많다. 물론 분노의 감정이 삶에 기여하는 바가 많지만, 소중한 사람에게 상처를 주고 성급히 판단하여 나쁜 방향으로 의사를 결정하며 심하게는 건강을 해치는 부정적인 결과를 초래할 때도 많기에 조절하려고 노력한다.

도움이 될 만한 조언을 들었다. 화나는 일을 만나면 무조건 자기 자신에게 질문하고 대답하란다. 예를 들어 누군가 약속 시간을 지키지 않아서 그로 인해 화가 난다면 '이게 화낼 일이야? 사정이 있어서 약속 시간에 늦은 것일 뿐이야'라고 말이다.

요즘 이 문장을 되뇌는 것으로 상당한 효험을 보고 있다. 대개는 처음 사용할 때는 약효가 좋다가 오래되면 내성이 생겨서 효능이 예전만 못하기 마련이다. 그래도 왠지 이번 처방은 예후가 좋을 것 같다는 긍정적인 희망이 생긴다. 어떤 불쾌감을 주는 자극에 자동으로 판단을 내리고 화를 내게 될 때, '이게 화낼 일이야?' 하면서 암기한 문장을 독백하는 개입이, 선입견으로 판단하는 습관에서 벗어나 비판하지 않으며 발생한 그대로를 보도록 나를 이끈다는 것을 발견한다.

혐오와 연민의 한 끗 차이

혐오하는 이유와 연민하는 이유가 다르지 않을 때가 많다. 흠이 있어서 가치가 없다고 느껴지는가 하면, 그 흠 때문에 오히려 특별하게 여겨지고 마음이 쓰이는 대상이 있다. 연약해서 쓸모가 없다고 여길 수도 있고, 연약해서 손길이 필요한 그것이 오히려 우리를 살릴 수 있다. 여기까지는 그럭저럭 그럴 수 있겠다 싶다. 그런데 그 이유가 연약함이나 흠이 아니라 거짓과 탐욕과 폭력 등의 악이라면 어떠한가?

오래전에 본 영화 〈제5원소〉에서, 주인공이 거대한 악의 세력에 의해 멸망을 앞둔 인류를 구원하기 위하여 지구에 와서 인류의 역사를 배우는 중에, 전쟁과 살인으로 얼룩진 인류의 역사를 알게 되면서 괴로워하는 이야기의 전개가 있었다. 이런 인간을 연민할 수 있는가? 구원할 필요가 있는가?

혐오할 것은 혐오함이 마땅하고, 연민할 것은 연민함이 마땅하다. 사람에 따라 정도의 차이가 있기 마련이니 극단적으로 혐오스러운 대상에 대하여서도 연민의 마음으로 바라보자고 말하려는 것은 아니다. 우리는 인간이지 신이 아니다. 하나님의 자녀라 할지라도 마땅히 혐오할 사람을 측은지심으로 대하는 일은 어렵지 않을까. 나는 저 높은 곳에 있는 이야기를 이해할 수준은 못 되니, 그저 손을 내밀면 잡힐 수 있는 우리의 삶에 대해 생각해 본다.

나의 혐오는 정당한가? 타인을 은근히 판단하는 나의 그 기준으로 나를 저울질할 수 있는가? 타인이 볼 때 혐오스러운 나의 속모습일지라도 내가 바라볼 때면 측은지심이 느껴진다. 관용과 용서 없이 삶이 지탱되질 않는다.

우리가 모두 아름답고 빛나는 존재겠지만 스스로 빛나는 존재는 아니다. 그래서 마음이 억울할 때는 예수 그리스도가 가르쳐 주신 기도를 떠올린다.

우리가 우리에게 죄지은 자를 사하여 준 것 같이
우리 죄를 사하여 주소서.
내가 나를 연민하듯
타인을 그렇게 연민하게 하소서.

마음의 레버리지

일상 속 성찰의 순간들

▲

건조기 열교환기를 청소하며

구매하여 사용하고 있는 가전제품 중에서 크게 만족하고 있는 것은 빨래 건조기이다. 가장 필요해서라기보다는, 그동안 건조기 없이도 큰 불편 없이 살았는데 막상 사용해 보니 의외로 장점이 많았기에 가장 만족스러운 가전제품으로 높이 추천한다. 건조 후에 막 꺼낸 옷의 뽀송하고 따뜻한 느낌도 좋고, 필터에 쌓인 먼지를 털어 낼 때면 '아이쿠야! 이게 다 세탁물 먼지구나' 하는 생각에 개운함이 배가된다.

여러 가전제품 중에서 없으면 정말 많이 불편하고 없이 산다는 것이 상상도 안 되는 것은 아마도 냉장고일 것이다. 하지만 냉장고는 늘 사용하고 있었기 때문인지 그리 고마운 줄 모른다. 항상 옆에 있어 주는 가족이나 친구들에 대해 익숙한 나머지 고마움을 못 느끼는 경우와 비슷하지 않을까. 반면에 건조기는 없다가 있으니 그 차별적인 고마움이 크고, 아직은 효용감소법칙의 적용을 받지 않고 있다.

그런데 그 고마운 건조기가 최근 성능이 현저히 떨어서 마음에 들지 않고 있다. 건조 시간이 예전보다 2배 이상 늘어났다. 게다가 시간이 오래 걸리면서도 두꺼운 소재의 세탁물은 뽀송하게 마르지 않아서 결국 다시 베란다의 빨랫줄이나 거실의 의자에 얼마간 널어 놓아야 하는 지경에 이르렀다.

혹시 하고 열교환기를 살펴보기로 했다. 고가의 건조기는 어떤지 모르겠지만, 우리 집 건조기 모델은 열교환기를 정기적으로 청소해 주어야 한다. 열교환기를 열었다가 깜짝 놀랐다. 시커먼 먼지가 머리카락과 함께 엉켜서 열교환기를 거의 막다시피 했다. 이러니 건조기 성능이 떨어질 수밖에! 그동안 건조기는 숨통이 꽉 막힌 채로 헉헉대면서 일하고 있었던 거다. 이런 줄도 모르고 타박했다. 건조기에게 미안하다 사과하고 핸드폰 조명을 비추며 끝이 뾰족한 꼬치용 막대와 솔을 이용하여 꼼꼼하게 청소했다.

관리하는 수고를 게을리하면 무엇이든 얼마 못 가서 망가진다는 진리를 새삼 깨닫는다. 어디 가전제품뿐인가. 인간관계도 그렇고, 우리 몸은 더욱 그렇다. 건강할 때 건강을 관리하라는 말이 괜한 말이 아니다. 위대한 지혜이다. 돌보고 관리하지는 않고 그저 편한 대로 사용하고 이용만 하면 사람도 떠난다. 가전제품도 망가진다.

무엇이든 정갈하게 오래 사용하는 사람을 본 적이 있다. 그는 심지어 연필도 몽당연필이 될 때까지 알뜰하게 사용하였다. 성격의 영향을 많이 받기는 하겠으나, 충분히 배워서 자신만의 생활 매뉴얼을 만들어 활용할 만한 영역이다.

우리가 사용하는, 우리를 위해 존재하는 거의 모든 것들은 우리의 보살핌을 필요로 한다. 바쁘게 사용하다가도 정해진 기한이 되면 사용을 멈추고 천천히 들여다보며 청소하고 수리해야 한다. 이렇게 관리하는 시간과 활동들은 해치워야 하는 번거로운 일들이 아니다. 차분히 하다 보면 그 자체가 취미 이상으로 성취감과 즐거움을 주는 생활의 쉼표가 된다. 쉼과 정비로 얻는 성능 향상은 오히려 보너스다.

나를 위해 존재하는, 그런데 혹시 방치되었던, 그래서 관리의 손길이 필요한 것들에는 무엇이 있을까?

사진이란 무엇인가?

배우 조진웅 씨가 인터뷰 중에 한석규 선배와의 인연에 관해 재미있는 일화를 소개했다. 한석규 선배가 종종 자신에게 "진웅아, 연극이란 무엇일까?"라고 묻곤 하였단다. 연극을 사랑하고 평생 연극을 하는 배우들이 던지는 '연극이란 무엇일까?'는 가볍게 들리지 않는다. 그것에 어떻게 접근하고 대답하느냐에 따라서 그들이 추구하고 보여 주는 연극은 무척 다를 것으로 예상된다.

사진이란 무엇일까? 나는 사진에는 문외한이다. 아는 것도 없고 취미로 즐기지도 않는다. 그런 내가 던지는 '사진이란 무엇인가?'라는 질문은 평생 사진을 사랑하고 사진을 찍는 이들이 던지는 질문과는 많은 차이가 있을 것이다. 나의 질문은 그저 어떤 대상을 정의하려는 수준이다. 이런 나에게 《서양 사진사 32장면》은 이해하기 어려웠고 그렇기 때문에 재미도 없는 책이었지만, 사진에 대한 약간의 안목을 얻게 해주었다.

책의 초반에 고맙게도 정의적 수준에서의 답변이 기술되어 있었다. 그것도 매우 문학적이고 아름다운 표현으로. 책에 의하면 사진은 '태양이 그린 그림' 혹은 '태양이 쓴 글'이다. 직관적이고 본질적이며 은유적인 이 표현이 참 마음에 들었다. 그리고 아마도 기술적 한계 때문에, 사진기가 발명된 초기에는 사진을 그림과 비교하는 회화주의적 관점이 발달하지 않았을까. 오랜 시간 노출을 해야만 했기에 작가의 의도를 표현하는 사진을 완성하기 위해서는 촬영 이후 인화 단계에서 오히려 여러 기술과 기교가 필요했을 수도 있겠다.

사진 기술이 발달하면서 그리고 사진의 정체성에 대한 더욱 진지한 질문이 던져지면서 스트레이트 주의가 더 큰 세력을 만들어 갔다. 스트레이트 주의는 촬영 이후 인화 단계에서의 작업을 최대한 절제하고 찰나의 현장을 재현하는 것을 중시한다. 왜곡하지 않는 진실 그 자체를 추구하는 것이다. 전달하려는 메시지가 많으면 오히려 전달력이 떨어질 때가 많다. 그래서 어떤 경우에는 상황을 촬영한 영상보다 순간을 포착한 한 장의 사진이 더욱 강렬하게 뇌리에 박히는 메시지를 전달한다.

어떤 해석이 사진이 무엇인지를 더 잘 드러낸다고 말하기는 어려워 보이고, 그렇게 구분한들 어떤 의미가 있을까 싶다. 다만 나는 무엇을 찍는가, 어떤 순간을 포착하는가 등의 명제에 더 큰 진실이 담겨 있다고 생각한다. 이런 생각을 하게 된 것은 밀레가 그린 유명한 〈이삭 줍기〉를 보면서 현장에서 설명을 듣고 받은 감동의 영향이 크다.

이삭 줍기에 담긴 여인들은 아마도 그 시대 최하위층에 속하는 가난한 사람일 것이다. 그런데 밀레는 왜 그들을 주목하여 그렸을까? 가난한 세 여인을 그리스 신전에 그려진 신들을 그리듯이 그렸다는 그림 설명이 진실로 무게감 있게 다가왔다. 밀레의 그림이 위대한 것은 어떤 기술에 있지 않고 바로 그가 그 시대에 무엇을 바라보았고 무엇을 그려 내었느냐에 있었음을 알게 된다.

그런 면에서 볼 때 사진은 테크닉보다는 무엇을 어떤 순간에 포착하였는가 하는 점이 중요할 것이다. 소설가, 드라마 작가, 영화감독 등 이야기를 창조하는 사람들은 세상의 어두운 곳에 있는 이야기를 발굴하여 세상을 조금 더 밝은 곳이 되게 한다. 이와 마찬가지로 사진은 바쁜 우리가 보지 못하였고 스치고 지나가는 소중한 장면과 순간을 포착하여 우리에게 진실의 한 부분을 일깨워 준다. 숨겨진 혹은 주목받지 못하던 이야기에 생명의 기운을 불어넣는 것이다.

나의 손에 사진기가 있다면 오늘 나는 어떤 장면에 주목하여 사진을 찍을까? 우리들의 스마트폰 갤러리에는 어떤 사진들이 담겨 있을까?

시선을 깨워 주는 사진 찍기

스마트폰 카메라의 엄청난 성능과 소셜미디어의 확산까지 더해져서, 사진은 기록의 범주를 넘어서서 이제 대화와 소통의 또 다른 형식으로 자리 잡았다. 그렇기는 해도 수전 손택이 "사진 촬영은 일에 쫓기는 사람들이 휴가 중에나 즐겁게 시간을 보내야 할 때마다 느끼곤 하는 불안감을 달래 주기도 한다. 이런 사람들은 자신의 일과 유사하면서도 친숙한 무슨 일인가를 해야 하는데, 사진 찍기를 바로 그런 일로 여긴다."라고 말했듯이 사진 찍기는 현대인의 경쟁심과 강박증을 보여 주는 듯도 하다.

사진을 찍는 경험이 별로 없는 나는 사진을 찍는 행위가 우리가 온전히 그곳에 있는 것을 방해한다고 생각하는 편이다. 한라산에 올랐을 때의 일이다. 리더십 개발 프로그램 참가자들을 인솔해서 가는 여행이었기에 교육 측면도 고려하여 제주도를 잘 아는 가이드를 구해서 그의 설명을 통해 여행객들이 놓치는 숨겨진 한라산의 아름다움을 보고자 했다. 가이드는 우리 일행을 '사라오름'으로 데려갔다. 사라오름에 대한 설명을 들은 후에 그곳을 지나서 어떤 바위 절벽 같은 곳에 이르렀다. 한라산 자락이 바다를 향해 완만하고 부드럽게 흘러내리는 광경을 바라볼 수 있는 곳이었다. 다들 감탄사를 연발하며, 흔히 하는 행동으로 핸드폰을 꺼내어 인증 사진을 찍었다. 사진 찍기를 모두 마치고 특별히 더 볼 것도 없고 할 일도 없었는데 가이드는 아무런 말이 없었다. 그냥 조금 더 있다가 갈 것이라고만 했다. 지금 기억에 몇십 분은 그냥 그 바위에 앉아 있었던 것 같다. 하늘은 쾌청하고 햇살은 따사로웠다. 숲은 마치 포근한 이불처럼 산을 감싸고 있어 하늘에서 떨어도 아프지 않게 받아 줄 것처럼 보였다. 그처럼 아름다운 제주를 본 것은 그때가 처음이었다.

하지만 사진을 찍는 사람들은 분명히 다른 주장을 할 것이다. 수전은 그녀의 책 《사진에 관하여》에서 "어떤 대상을 사진으로 찍어 보기 전에는 그 대상을 진정으로 봤다고 말할 수 없다."라는 에밀 졸라의 말을 인용했다. 이 말은 무슨 의미일까? 수전은 "사진은 현실을 사실적으로 재현하는 것에만 그치지 않는다. 사진이 재현해 놓은 현실은 그 사진에 충실해지기 위해서 면밀히 검토되고 평가된 현실이다."라고 하였다. 그녀가 말하는 사진 찍기는 그곳에 갔다는 것을 증명하기 위해, 그냥 놀고 있는 것이 아니라며 자신도 모르는 불안을 달래기 위해 습관적으로 찍는 것과는 다르겠다. 아마도 책을 그저 읽는 것과 책을 읽고 그 책에 대하여 글을 쓰는 것과의 차이와 같지 않을까.

책을 그저 즐겁게 읽을 수 있다. 저자가 건네는 말을 주의 깊게 경청하면서 그리고 마음으로 저자와 대화를 주고 받으면서 말이다. 하지만 읽은 책에 대해서 글을 쓰려고 한다면 이야기가 달라진다. 그저 책의 내용을 요약 정리해서 그대로 옮겨 놓을 수는 없는 노릇이다. 글을 쓰려면 그 글에 충실해지기 위해서 그 책을 면밀히 검토하고 평가할 필요가 있다. 아마 에밀 졸라가 이야기했고, 수전이 그의 말을 인용하여 설명하려는 부분이 이런 것이 아니었을까?

수전은 "그래서 사진은 현실, 더 나아가서 리얼리즘의 개념 자체까지 뒤바꿔 버렸다 … 사진을 통해서 바라본다는 것은 누구나 바라보지만 너무나 일상적인 탓에 무시되어 왔던 것에서 아름다움을 발견하는 성향을 뜻하게 됐다."라고 하였다. 사진을 찍는 이유는 그리고 사진을 찍으며 누리는 즐거움은 사람마다 다양하겠으나 내가 사진을 찍게 된다면 그것은 수전의 글을 읽었기 때문이리라. 그녀의 지적대로 사진 찍기는 익숙한 현실을 다르게 볼 수 있도록 자극한다.

조깅 예찬

하루 중 언제든 조깅하기에 좋지 않은 시간대는 없지만, 역시 이른 아침이 최상이다. 새벽 조깅은 하루를 일찍 시작하게 하는 촉매제이며 설레는 마음으로 하루를 시작할 수 있도록 열어 주는 아침 햇살이다.

'오늘은 쉴까?' 하는 잠깐의 유혹을 못 들은 척하고 현관을 나서며 신선한 공기를 호흡한다. 하늘을 보며 가벼운 스트레칭을 하고 탁탁

뛰기 시작하면 금세 기분이 좋아진다. 동네 골목길을 지날 때는 록키가 필라델피아의 새벽 거리를 뛰고 항구를 달리던 영화 〈록키〉의 장면을 떠올리기도 한다. 그럴 때면 록키처럼 훅훅 잽을 날리기도 하면서 좀 더 경쾌하게 속도를 낸다.

새벽 조깅은 어제의 구겨짐을 단정하게 다려 준다. 다시 새로운 하루를 주신 신에 대한 감사를 드리기에 새벽 조깅만 한 것이 있을까? 뛰면서 하나님을 생각한다.

오늘은 새벽에 비가 내리다 그치기를 반복했다. 잠시 그친 사이에 뛰기 시작했는데 코스 중반 정도에서 쏟아지기 시작했다. 흠뻑 비를 맞으며, 이마를 타고 흐르는 빗물을 닦아 내며, 뛰는 중에 기쁨이 피어난다.

팬케이크 명상

무협만화 《열혈강호》에 등장하는 멋진 주인공들은 자기보다 센 상대를 만나면 무서워하거나 오늘 영 재수가 없다거나 식의 반응을 보이는 것이 아니라 무척이나 반가워한다. 비록 만화 속의 허구 세상이기는 하지만 성장하기 위하여 목숨을 걸고 대결하는 그들의 모습은 참 멋지다. 그들은 상대방이 최고의 비기를 사용하여 진심으로 싸움에 응해 주면 고마워하며, 그걸 상대에 대한 예의로 여긴다. 이런 설정과 세계관이 마음에 든다. 치열한 대결을 벌이고 나면, 당연히 기진맥진하기 마련이다. 그럴 때면 그들은 어김없이 운기조식(運氣調息)이란 걸 한다. 이것이 무엇인지 정확히 알기는 어렵지만 명상 같은 것과 비슷해 보인다.

오늘날에 만화 속 무림은 없지만 다른 무림들이 존재한다. 비즈니스든 개인의 삶이든 무림의 전쟁터 같다. 그 안에서 생존하고 번성하기 위한 전략으로 생각과 마음을 챙기고 정돈하고 정비하는 일이 꽤 중요하게 여겨진다. 뇌과학이 발전하면서 새롭게 알게 되는 것도 많다. 그중 하나가, 인간의 두뇌는 2만 년 전과 똑같은데 외부의 스트레스 자극 형태는 완전히 달라져서 이미 세팅된 우리 몸의 자동적 스트레스 반응 시스템이 적절하지 않고, 그래서 효과적으로 반응하도록 조절하는 것이 매우 어렵게 되었다는 이야기다. 꽤 여러 곳에서 이런 이야기를 듣는데 매우 수긍이 간다. 예를 들면, 맹수의 공격을 받을 때 한참을 돌아서 연결되는 인지를 주관하는 전전두엽이 개입하여 반응하면 죽기 때문에 즉각 대응할 수 있도록 빠른 신경 경로로 연결된 편도체가 작동하게 진화되었다는 식이다.

그런데 오늘날 맹수의 공격 같은 외부의 스트레스를 받을 때 편도체 반응에 우리를 내어 맡기면 오히려 큰 사고가 난다. 지금의 스트레스 대응법의 핵심은 편도체의 흥분을 가라앉히고 전전두엽이 작동하게 하는 것이다. 그래서 명상의 중요성은 더욱 강조되고 공감을 얻는 듯하다. 문제는 명상이 쉽지 않다는 것이다. 바르게 앉아서 바르게 숨을 쉬며 아무것도 하지 않아야 하는데 즉 아무 생각도 하지

마음의 레버리지

않고 그저 고요히 있어야 하는데, 이 일은 정말이지 어렵다. 우리의 전전두엽은 도무지 가만히 있지를 않는다.

나는 어느 날엔가 팬케이크를 굽는 일이 훌륭한 명상의 효과를 가져다준다는 것을 경험했다. 나의 명상 방식은 다른 일을 하면서 머리를 식히고 마음을 정돈하는 것이다. 주의를 분산시키려고 시작한 것이므로 그 일이 너무 복잡하거나 어려워서는 안 된다. 팬케이크 굽는 일은 요리의 복잡성과 속도가 딱 적당하다.

머리가 복잡하고 기진맥진이라고 느껴지면, 나는 팬케이크 가루를 꺼내어 반죽을 시작한다. 가루에 적당량의 우유와 계란 두 개를 넣고 휘휘 젓는다. 부침개 반죽, 걸쭉한 죽 정도의 농도면 좋다. 다음은 프라이팬을 뜨겁게 가열하고 기름을 한 숟가락 정도 붓는다. 프라이팬을 휘휘 움직여서 팬에 골고루 기름을 묻힌 다음 키친타월 한 마디를 뜯어 겹으로 접은 후에 팬의 기름을 살짝 닦아 낸다. 그러면 팬 표면에 얇은 기름막이 생성된다. 기름을 흡수한 키친타월을 버려서는 안 된다. 나중에 다 쓸모가 있다.

이제 달궈진 팬에 반죽을 한 국자 붓고 가장 약한 불로 줄인다. 잠시 기다리면 얇게 퍼진 반죽이 달 표면처럼 기포로 가득 찬다. 그렇게 되기까지 대략 3분 정도가 걸리는 것 같다. 반죽 전체에 충분히 기포가 만들어지면 케이크를 뒤집는다. 약간만 연습하면 도구를 사용하지 않고 팬을 움직여 공중 돌기로 뒤집는 묘미를 느낄 수 있다. 그리고 2분 정도 기다리면 양면이 맛있는 갈색으로 구워진 팬케이크를 맛볼 수 있다. 케이크를 한 장 굽고 다음 반죽을 붓기 전에 처음 기름을 흡수한 키친타월을 이용해서 팬을 닦아 준다. 그러면 눈으로는 안 보이지만 프라이팬 표면에 매우 얇은 기름막이 코팅되어 노릇하게 맛있는 색으로 케이크가 구워진다.

팬케이크 굽기는 서두르지 말고 천천히 하는 것이 중요하다. 이 모든 과정은 편도체를 쉬게 하고, 전전두엽이 무엇을 차분히 생각해 보게 하거나, 아니면 그 역시도 내려놓게 하기 위함이기 때문이다. 처음 한두 장은 숙달하느라 조금 어렵다고 느끼겠지만, 그다음부터는 익기를 기다리며 알람을 맞춘 3분의 시간이 머리를 비우는 명상을 하기에 적당하다는 것을 알게 된다.

팬케이크는 만들 때 대여섯 장을 만들어서 쌓아 두고서 먹어야 또 맛있다. 팬케이크를 탑처럼 쌓은 후에는 커피를 내리든지 차를 한 잔 우려서 같이 먹으면 몸의 허기도 면하고 마음의 허기도 달래진다.

팬케이크 굽기는 너무 길지 않게 조금 기다리는 시간이 필요하고 주의를 붙들어 줄 만큼의 적당한 일거리가 있어서 나와 같은 명상의 초보자에게 아주 좋다. 마음이 지칠 때, 당 떨어졌다는 말이 자신도 모르게 튀어나올 때 팬케이크를 한번 구워 보기를 권한다.

무용한 독서의 즐거움

책 읽기가 재미없을 수가 없는데 이상하게도 언제부터인가 그다지 즐겁지 않았다. 책이 서재 한쪽 벽면을 가득 채우고 있는데 손이 가는 책이 별로 없게 되었다. 그것참 이상하다. 그러다가 문득 '아하 그래서 그랬겠구나' 하는 깨달음이 왔고, 잃었던 소중한 물건을 되찾은 듯 기분이 좋아졌다.

드라마 〈미스터 션샤인〉에서 달, 별, 꽃, 바람, 웃음, 농담 뭐 이런 아름답고 무용한 것들을 좋아한다는 김희성의 멋진 대사가 떠올랐다. 책 읽기의 재미를 잃어버린 이유가 여기에 있었다. 유용한 독서에만 급급했던 거다. 무슨 쓸모 있는 아이디어가 있을까 하는 급하고 메마른 마음으로 책을 평가하며 읽었던 것이 독서가 재미없어진 이유였다.

자칫 책의 장르를 평가하는 말이 될 수 있어서 조심스럽지만, 내가 그동안 주로 읽어 온 하우투(how to) 분야의 책들은 식단으로 비유하자면 고도로 가공된 탄수화물 식재료와 비슷하다. 맛있고 소화도 잘되고 고열량이어서 식사 후 금방 혈당이 치솟는다. 힘이 난다. 하지만 아는 바와 같이 고가공 식단에 익숙해지면 장의 건강이 황폐해지고 노화가 급속히 빨라지며 각종 성인병을 앞당길 수 있다. 반면에 즉시 쓸모가 없기에 그저 유희처럼 여겨졌던 소설, 철학, 시, 예술 분야의 전문 서적들은 입에는 거칠지만 풍부한 비타민과 식이섬유를 가지고 있어서 건강에 좋은 노지 재배 채소 식단과 비슷하다. 소화가 천천히 되고 당도 금방 오르지 않는다. 그래서 지구력을 높여 준다.

한 권의 책을 만나고 읽는 것은 바로 한 사람을 만나고 사귀는 것과 다르지 않다. 우리는 사람을 유용함만으로 평가하지 않는다. 그런 비인간성을 배격한다. 그 사람의 말을 들어 보면 나름의 논리와 신념이 있고 특유의 말하는 습관과 언어의 냄새도 있어서 그 자체로 흥미롭기 마련이다. 독서가 바로 그러한 것이었는데, 유용한 노하우를 찾는 정보의 원천으로만 사용하는 성마른 습관이 나도 모르게 생겼다.

자칭 지식인이라고 칭하는 먹물들은 글자를 읽는 그 자체로 즐겁기 마련이다. 그리고 좋은 문장을 만나면 감탄하며 기뻐한다. 매일 몇십 분은 무엇에도 방해받지 말며 무용하게 글을 읽자.

빨래하는 동안에는 독서가 유난히 즐겁다

주말에 누리는 사소한 즐거움 중에 단연 최고는 세탁기를 돌리고 커피를 내려 마시면서 책을 읽는 일이다. 그러다 문득 궁금증이 찾아왔다. 독서야 늘 즐거운 호사인데 어째서 빨래하면서 책을 읽을 때 집중도 잘되고 더 재미있을까? 나름 몇 가지 이유가 생각이 났다.

우선 빨래를 하는 것 자체가 사람을 활기차게 만든다. 예전처럼 직접 손으로 빨래해야 한다면 힘이 들고 하다 보면 화가 나고 심지어 서글퍼질 수도 있겠지만, 지금은 세탁기에 빨래를 넣고 세제를 넣고 버튼을 누르면 성능 좋은 녀석이 힘차게 돌면서 모든 수고를 알아서 다 해준다. 아주 간단한 조작만으로 '나는 빨래도 하는 사람이야'하는 뿌듯한 자부심마저 맛본다.

둘째는 독서가 매우 유익하고 꼭 해야 하는 중요한 일이긴 하지만, 왠지 독서만을 위해서 시간을 내어 책을 읽는 것은 그것이 직업이 아닌 다음에야 우선순위에서 밀리게 되고 '한가한가?' 하는 느낌을 주기 때문일 것이다. 그래서 무엇인가 부수적이지만 생산적인 활동을 하는 중에 잠깐 짬을 내서 독서하면 그런 불편감이 사라지니 즐겁게 집중할 수 있는 것이 아닐까? 빨래라는 막중한 책임을 수행하면서 사실상 빨래는 세탁기가 다 해주니 그 시간에 책을 읽는 것은 나의 멋짐을 더 드높이는 행위가 되는 것 같기도 하다.

셋째는 대략 적당한 시간이 정해져 있기 때문일 것이다. 책을 읽는 것은 상당한 집중력을 요구하므로 몇 시간이고 계속하기는 어렵다. 시간이 너무 짧아도 아쉽고 너무 길어도 별로다. 세탁하는 시간은 정말 딱 맞는 길이인 것 같다. 집중력이 살짝 흔들리기 바로 직전에 신기하게도 세탁기는 빨래를 마쳤노라고 경쾌하게 노래하기 시작한다. 그럼 나는 '어 벌써' 하며 못내 아쉬운 듯한 표정을 짓고는 빨래를 꺼내러 간다.

생각을 열어 주는 글쓰기

'백 일 동안 매일 글쓰기' 모임에 초대받고는 멋있다는 단순하고 쉬운 마음으로 시작했다가 고생한 적이 있었다. 경험이나 계획이 불충분하면서도 충동적으로 길을 떠나는 사람이 그러하듯 초반에는 신이 나서 노래하며 글쓰기를 시작했는데, 한 달 두 달 지나면서 소리 없이 사라지는 글벗들이 생겨났고, 글 소재가 마르기 시작해서 막판에는 당일의 분량을 채우고자 억지로 쓴 글을 포스팅했던 기억이 난다. 그렇게 고생은 되었지만 완주한 덕분에 브런치에 포스팅한 글들이 제법 늘어나, 몇 년 동안 100편 근방에서 멈추었던 원고가 200편을 넘어섰다.

매일 짧은 글 하나를 써야 하는데 샘이 솟아나듯이 내면에서 매일 새로운 아이디어와 통찰이 떠오르는 것은 아니어서, 글 쓰는 날수가 늘어날수록 마땅한 쓸 거리를 찾지 못해서 어려움을 겪는 일도 늘어났다. 그러다 보니 나름 좋은 습관이 하나 생겼다. 길거리에 동전이라도 떨어져 있을까 싶어 자세히 살피며 걷는 사람처럼 두리번거리는 순간이 많아졌다는 것이다. 좋은 느낌으로 말하자면, 익숙해서 자동적으로 반응하고 주의 깊게 들여다보지 못했던 일상의 순간을 새롭게 마주치고 알아차리는 순간들이 늘어났다.

항상 걸었던 길이어서 새로울 것이 하나도 없지만, 다른 생각 하지 않고 불어오는 바람의 냄새와 부드러움을 몸으로 느끼고, 작은 꽃들을 눈으로 보고, 새의 소리를 듣고, 머릿속에서 나타났다가 사라지는 생각들을 포착하고, 길을 걷다가 문득 핸드폰을 꺼내어 녹음하는 일도 자주 생겼다. 어제에 대한 후회와 내일에 대한 염려로 분주한 마음을 달래고 지금 여기에 충만히 있도록 이끄는 마음 챙김을 자연스레 연습하는 순간들이 생겨났다.

만화가 이현세 씨가 천재와 경쟁하는 방법을 말하며 들려준 조언이 생각난다. 매일 크로키 몇 장을 그리라고 했다. 그렇게 수년이 쌓이면 그려 보지 않은 인생의 장면들이 없게 된다고 했다. 그리고 천재를 만나면 경쟁하지 말고 동 시간대에 천재와 함께 있게 된 것을 그저 기뻐하라고 했다. 소설가 백영옥은 열정에 대하여 "좋아하는 것을 향해 돌진하는 뜨거운 것이 아니라 포기할 순간에도 포기하지 않는 서늘한 인내심"이라 하며, 아마추어가 영감을 찾는다면 프로는 "그냥 하는 사람들"이라 했다.

이제 글쓰기 연습을 좀 더 힘써서 해야 할 의무로 여기는 단계로 나아가야 할 듯하다. 영감이 떠오를 때 그저 글감 하나를 끄적이는 방식에서 벗어나서, 만화를 그리는 작가들이 매일 크로키를 그리듯이 삶의 한 장면을 글로 묘사하는 연습을 좀 해야지 않을까. 영감이 말라 버려도 매일 얼마간의 글을 쓰고 다듬는 고역을 기꺼이 해 보아야겠다. 그러고 보면 그날의 컨디션과는 상관없이 매일 성실하게 일터로 나가는 우리들이 진짜 프로구나 하는 깨달음에 문득 자긍심을 갖게 된다.

일상 속 성찰의 순간들

전혀 새로운 길로 안내하는 글쓰기

일기를 쓰고, 소셜미디어에 글을 올리고, 이메일에 답장하고, 또는 기안서를 작성하는 등 나의 생각을 글로 옮기는 과정에서 반복적으로 동일하게 발견하는 경험이 있다. 처음에는 어떤 생각이 떠올라서 그것을 글로 표현하려고 쓰기 시작했는데, 막상 쓰다 보면 생각지도 못했던 전혀 다른 문장들이 튀어나온다는 것이다. 글은 처음 생각과는 매우 다른 모습으로 전개된다. 그것을 보노라면 신기하고 즐겁다.

글쓰기는 일종의 그림 그리기와 같아서 그런지도 모르겠다. 나는 그림을 그리는 사람은 아니지만 모작(模作)을 그리는 경우가 아니고서는 머릿속에 있는 완성된 그림을 종이 위에 표현하는 화가는 없으리라. 번득이는 영감이 있어서 연필을 들어 스케치하고 붓에 물감을 묻혀서 형상과 색을 표현해 가다 보면 그 붓 칠들이 스스로 생명이 있어서 다음 붓 칠을 알려 줄 것 같은 생각이 든다. 글쓰기도 이와 같다.

아마도 글쓰기가 일종의 대화이기에 그런지도 모르겠다. 대화는 홀로 하는 것이 아니고 상대방이 있기 마련이다. 내가 하고 싶은 이야기가 있겠으나 그것은 상대방이 어떻게 받고 무슨 말을 하는가에 따라서 변화무쌍하게 달라지기 마련이다. 나는 어떤 말을 한다. 아쉬움을 느끼면 부연 설명을 하면서 보충하려고 노력한다. 그러면 상대방은 나의 말을 받아서 어떤 대꾸를 한다. 그는 나에게 동조하기도 하고 더 발전시키기도 하고 과연 그러한지 반문하기도 한다. 그러다가 전혀 다른 주제를 말하기도 한다. 글쓰기도 이와 같다.

글쓰기는 여행을 떠나는 것과도 비슷한 면이 있는 듯하다. 여행을 앞두고 여러 계획을 꼼꼼하게 세우지만 실제로 여행을 떠나면 계획할 때는 고려하지 않았던 그리고 여행자의 의도와도 상관없는 재미있는 일들이 펼쳐진다. 그 새로움이 바로 여행의 매력이리라. 이미 예상했고 알고 있는 것만을 그대로 경험한다면 무슨 흥미가 있으랴. 글쓰기도 이와 같다.

하얀 워드프로세서 바탕 위에서 깜빡이는 커서는 두근거리는 맥박이다. 글에는 생명이 있으니 일단 시작하면 신기하게도 스스로 분화하면서 예상하지 못했던 모습으로 성장해 갈 것이다. 그리고 완성된 글은 대체로 처음 기대했던 것보다 좋다. 그러니 어찌하든 시작해 보자. 그리고 마음이 흐르는 대로 길을 걷듯이 그렇게 글을 써 보자. 그 글은 우리에게 무슨 말을 건네고 어떤 문장으로 마무리가 될까?

무의식의 영역에도 성찰이 존재한다

무의식의 의지와 지능

이부영 교수의 저서 분석심리학 3부작 중 《그림자》에서, 저자는 무의식 자체가 그 사람의 의식을 변화시키고자 하는 의도를 가지고 끊임없이 작동하고, 무의식이 그 자체의 자율적인 의지로 의식을 자극하여 무의식을 깨닫도록 하는 능력을 가지고 있다고 설명한다. 무의식은 그야말로 우리의 자아가 인식하지 못하는 영역이므로 무의식이 주체적인 의지를 가지고 있다는 관점은 이해되기 어렵다. 하지만 이부영 교수가 무의식을 자율신경계에 비유하여 설명한 부분은 이해의 실마리를 준다.

자율신경계는 우리의 의식과 무관하게 작동하여 우리를 보호한다. 추우면 몸을 떨게 하여 체온을 높이고 더우면 땀을 흘리게 하여 체온을 조절한다. 운동을 하느라 근육에 더 많은 산소가 공급되어야 할 때는 심장을 자동적으로 빨리 뛰게 한다. 위급한 상황에 부딪히면 동공이 확장되고 심장이 쿵쾅쿵쾅 빠르게 뛰기 시작하며 혈관이 축소되어 위험에 대처하도록 한다. 이와 같이 무의식은 자의식이 외곬으로 나갈 때면 그렇게 되지 않도록 의식의 방향과는 다른 방향의 이미지를 활발히 보내서 그것을 제어하려 한다고 설명한다.

내가 인식하지 못하는 그래서 통제할 수 없다고 여겨지는 무의식이 이렇게 스스로 의지를 가지고 창조적으로 작용한다는 주장은 잘 이해하기 어렵고 어떤 면에서는 두렵기도 하다. 하지만 크게 위안이 되기도 한다. 내가 인식하지 못하는 무엇인가에 의해서 내가 통제될 수 있다는 점 때문에 두렵고, 나의 자아가 부족한 면이 있을 때 무의식이 나를 지킨다는 안도감 때문에 위안이 된다.

분석심리학에서 무의식은 바다이고 의식은 섬이라고 비유하여 설명한다. 비유가 주는 이미지 그대로, 우리가 알고 직접 조절할 수 있는 의식의 세계는 눈에 보이는 섬과 같이 매우 작은 데 비하여, 무의식은 광대하고 깊은 바다처럼 헤아리기 어렵다. 이러한 이미지는 수십만 년에 걸쳐서 생존을 위해 무의식의 작동 기제가 발달해 왔다는 진화론적 관점에서 설명하기보다는, 창조자의 섭리와 은혜의 관점에서 탐색하게 한다.

나는 신화적 느낌을 풍기기도 하는 선한 의지를 가진 무한한 잠재력으로서의 무의식에 대한 융의 설명이 마음에 든다. 심연 너머에서

무의식의 영역에도 성찰이 존재한다

들려오는 목소리 즉 신이 들려주는 무의식의 지혜를 경청하고 무의식과 대화하는 방법은 무엇일까?

꿈에게 길을 묻다

고혜경의 《나의 꿈 사용법》을 읽노라면, 저자는 넬라 판타지아의 노래 가사에서 나오는, 자유로우며 깊은 곳까지 박애로 충만한 영혼의 사람이구나 하는 느낌을 받는다. 꿈 이야기를 듣고 자신이 받은 느낌과 꿈의 의미를 해석하여 설명하는 저자의 태도와 말은, 지저분한 얼굴을 하고 풀이 죽어서 구석에 웅크리고 있는 아이에게 다가가 깨끗하게 세수하여 주고는 뽀얗고 예뻐진 얼굴을 다정한 미소로 바라봐 주는 사람의 손길같이 느껴진다.

오늘 아침, 잠에서 깨어날 무렵에 꾼 꿈의 한 이미지는 감자로 여겨지는 썩은 음식물 더미였다. 불편하고 불안한 마음으로 그것을 물로 씻었는데 다행히 썩지 않아 하얗고 단단한 부분이 남아 있었다. 석가탄신일 휴일이어서 느긋하게 아침을 먹고, 커피를 내려 마시고, 《꿈에게 길을 묻다》를 조금 읽고는 가벼운 운동 겸 산책을 하려고 뒷산으로 갔다. 날씨가 좋아서 하늘은 푸르게 쾌청하고, 산속은 아카시아꽃, 찔레꽃 그리고 이름 모를 꽃들의 향기로 가득했다. 그러다 산속의 검은 흙들은 온통 썩은 것으로 가득하다는 것을 발견하였다. 자연은 썩음이라는 기반 위에 오히려 싱싱한 생명을 가득 피워 내고 있었다. 그러나 내가 아침에 꿈에서 본 이미지는 생명을 자라게 하는 썩음은 아니었다.

썩는 일에도 두 종류가 있는 듯하다. 하나는 그저 썩어서 독이 되는 경우이다. 악취가 나고 생명을 병들게 한다. 다른 하나는 썩었으나 악취가 나지 않고 오히려 발효되는 느낌이 드는 경우이다. 이런 썩음은 생명을 자라게 하는 영양분이 된다. 무의식 역시 썩은 퇴적물이 가득한 땅과 같은 것이 아닌가 하는 생각이 들었다. 다정한 손길로 보살핌을 받은 무의식은 산속의 검은 흙과도 같아서 싱그런 나무와 풀을 자라게 하고 생명이 가득하게 한다. 나무와 풀은 건강한 삶의 모습이다. 그러나 방치되고 버려진 무의식은 점점 더 심하게 썩어 악취가 나고 독이 되어 건강을 해치는 썩은 음식물처럼 된다.

오늘 꿈은, 나의 내면이 불안과 근심으로 지저분해진 채로 오랫동안 청소되지 않고 버려져 있으니 관심을 가지고 보살피라는 무의식의 음성을 이미지로 전해 준 것 같다. 다행히 아직 깨끗한 부분들이 남아 있다. 썩어서 생명을 해치는 독이 아니라 썩어서 풍성한 열매를 맺는 기름진 정신이 되도록 내면을 돌보자.

내 편이 되어 주는 나만의 AI

하나님께서 솔로몬의 꿈에 나타나 '내가 네게 무엇을 줄까, 너는 구하라' 하셨을 때 솔로몬이 부와 장수와 원수의 생명 등을 구하지

무의식의 영역에도 성찰이 존재한다

않고 지혜를 구하였다는 이야기는 유명하다. 요즘 세상에서는 지혜보다는 정보를 구할 것 같기는 하지만, 사용 목적이 다를 뿐 아는 것이 얼마나 큰 힘이 되는지를 강조하는 면에서는 같다. 지혜롭기를 원하는, 솔직하게 표현하면 능력이 있기를 원하는 나에게, 무의식은 놀라운 지능을 가진 존재임을 알려 주며 '꿈이 내가 모르는 무엇을 이야기하려고 하지?'라는 질문을 던지라는 고혜경의 조언은, 지혜롭고 유능하기를 열망하는 나에게 무척이나 기쁘게 읽혔다. 무의식이 지혜를 말해 준다는 개념은 든든하게 내 편이 되어 주는 나만의 AI가 생긴 것처럼 나를 신나게 한다.

꿈을 공부하기 전에는 꿈은 그저 꿈에 불과했다. 그것도 개꿈. 도무지 앞뒤가 맞지도 않고 문맥도 없는 이상한 이야기가 전개되었기 때문이다. 어젯밤의 꿈 역시도 그러했다. 꿈에서 벌어진 일들을 알려 주면 "그게 무슨 말이야?" 하는 식의 어처구니가 없다는 반응이 나오는 것은 당연하다. 그런데 그것이 무의식이 나에게 건네는 메시지라는 것이다. 그것도 내 의식의 컴퓨터 용량을 2메가바이트라고 한다면, 내 의식으로는 해독하기 어려운 2기가바이트에 이르는 대용량의 다른 형식의 알고리즘으로 구성된 메시지라고 한다. 이런 관점은 너무도 신선하고 매력적으로 다가왔다.

20대 중반에, 군복무를 마치고 대학에 가겠다는 목표를 세우고 《수학의 정석》을 붙들고 공부하던 때가 생각났다. 그때 나는 개념을 소개하는 앞부분을 공부한 후에는 본격으로 문제를 푸는 실력을 기르기 위해서 A4지를 두 번 접어서 4분의 1 크기로 만들고, 페이지를 넘기자마자 문제 밑에 있는 풀이 해설 부분을 가렸다. 그러고는 스스로 문제를 풀 때까지 절대로 해설을 보지 않았다. 그렇게 문제와 씨름하여 결국 풀어 내고는 나의 풀이와 정석에서 보여 주는 풀이 과정을 비교하면서 공부했다. 시험장에서의 문제 풀이를 링 위에서의 싸움이라고 비유하면, 그 순간은 결국 아무것에도 의지하지 않고 스스로 싸워야 하므로 거기에 익숙해지고자 했고, 생각하는 능력을 기르자는 의도였다. 이 방법은 꽤 효과가 있었다.

고혜경의 책 《꿈이 나에게 건네는 말》은 꿈이 건네는 메시지를 해석하는 일종의 해설서인데 너무도 흥미롭고 재미있다. '수학의 정석'을 공부하던 그 방식으로, 꿈을 해석하는 원리를 어느 정도 공부한 다음에는 꿈 해석 방법을 연습하기 위해 풀이 문제처럼 소개된 꿈을 읽고는 고혜경 선생님의 풀이를 읽지 않고 곰곰이 생각하며 스스로 풀어 보았다. 그런데 꿈을 푸는 것은 수학 문제를 푸는 것하고는 차원이 다른 듯하다. 의식의 논리적인 접근으로는 실마리가 풀리지 않는 경우가 많았다. 아무튼 그렇게 혼자서 애를 쓴 다음에 읽은 책에 소개된 풀이는 한 문장 한 문장이 통찰을 주는 듯 설득력 있게 다가왔다. 이것이 정말 무의식이 건네는 메시지라니, 감탄이 절로 나왔다.

진심으로 신나는 발견이 아닐 수 없다. 무의식은 숨겨진 보화와 같은 것일까? 그것을 알아 가고 싶은 호기심이 기분 좋게 손짓한다.

무의식의 영역에도 성찰이 존재한다

이 여정을 함께할 친구들이 있으면 좋겠다.

"천국은 마치 밭에 감추인 보화와 같으니 사람이 이를 발견한 후 숨겨 두고 기뻐하며 돌아가서 자기의 소유를 다 팔아 그 밭을 사느니라."(마태복음 13장 44절)

글벗들과 꿈을 해석하는 재미

거울은 나를 챙기는 소중한 도구이다. 우리는 하루에도 차례 습관적으로 거울을 보며 자신이 어떻게 보이는지 살핀다. 나의 외면을 살피는 거울처럼, 나의 내면을 돌아보고 나를 챙기도록 도와주는 도구로 투사(projection)를 활용할 수 있다. 투사는 다른 사람들을 보면서 나의 의식이 인식하지 못한, 숨어 있는 욕구를 발견하도록 돕는 거울의 역할을 한다.

만일 내가 누군가의 행동에 감정적으로 불편함을 느끼고 그들을 비난하고 있다면 그들의 모습에서 나를 보는 것은 아닌지 돌아볼 필요가 있다. 나의 생각이고 나의 욕구이지만 내가 그것을 인정하지 않고 억누르고 있어서 인지하지 못하고 있다가, 타인의 행동이 인지하지 못하고 있던 내면의 무엇을 건드려 동요하는 것일 수도 있다. 이것이 나에게 있는 모습을 그에게 투사하는 경우일 수 있다. 다만 상대방의 어떤 모습이나 행동이 불편감을 자극할 때, 그를 비난하기보다 내가 그에게 나의 욕구를 투사하고 있다는 것을 알아차리는 맑은 정신을 유지하는 일은 꽤 어렵다.

꿈을 통해 나를 더 알아 가는 방법의 하나는 투사를 활용하는 것이다. 얇은 의식을 전제로 하지만 무의식을 들여다보는 작업은 나도 몰랐던 나를 만나는 통로가 되기도 한다. 그래서 꿈에서 보았던 그 형상들과 이야기들이, 내가 알지 못하지만 강력한 영향을 미치는 나의 무의식이 투사하고 있는 것은 아닌지 주의 깊게 들여다보는 작업은 꽤 유익이 크다. 지난밤 꿈에 나타난 기괴하고 말도 안 되는 이미지와 사건들을 통해서, 무의식은 의식에게 어떤 메시지를 전달하려는 것일까를 곰곰이 생각하는 것은 매우 흥미롭다. 이러한 자기 꿈투사 작업은 자기 성찰 또는 자기 명상으로 매우 훌륭한 실천이 된다. 남의 모습을 보면서 혹시 나의 모습은 아닌가 돌아보는 것과 유사하게 꿈의 이미지들은 나에 대해 무엇을 말하는가 돌아보는 효과적인 통로가 될 수 있다.

여럿이 함께 하는 꿈 투사 작업도 유사한 원리로 진행된다. 다만 매우 주의해야 할 것이 있는데, 타인의 꿈을 직접 해석하지 않는다는 것이다. '그 꿈은 이런 의미'라고 설명해 주는 식의 접근은 매우 위험하다. 타인의 꿈을 해석하면서도 나의 상황, 생각, 욕구를 투사할 수 있기 때문이다. 그래서 함께 꿈 투사를 할 때는 종종 '내가 그 꿈을 꾸었다면 나에게는 이런 의미로 다가와' 하는 식으로 말하며 시작한다. 다른 사람들의 자유롭고 창의적인 해석은 나의 꿈을 전혀 다른 각도에서 살펴볼 수 있는 아이디어를 제공한다. 우리의 무의식

무의식의 영역에도 성찰이 존재한다

은 의식과 다르기에 너무 뻔한 이야기를 전해 주지는 않는다. 놀랍게도 이렇게 타인의 꿈을 해석하기 위해 나를 투사해 보는 작업에서 나에 대해 그리고 나의 상황에 대해 새로운 통찰을 얻게 된다.

무의식에 대한 프로이트와 융의 설명

심리학은 우리가 의식하기에 조절할 수 있다고 여기는 감정, 생각, 행동을 연구한다. 그래서 우울증 치료 기법을 보더라도 내담자가 지닌 자동적 사고 혹은 역기능적인 인식 구조를 비판적으로 논박하여 기능적으로 재구조화하는 형식으로 접근한다. 모두 인간의 의식이 관장하는 범위에 들어가 있다.

반면에 정신과 의사들이 주로 다루는 이론이자 기법인 정신분석과 분석심리는 인간 무의식의 역동에 크게 관심을 가진다. 무의식은 말 그대로 무의식이기에 알 수가 없다. 그래서 분석에 상당한 시간이 소요된다. 우리가 영화에서 보듯이 내담자가 카우치에 편히 누워서 자유 연상을 하며 떠오르는 모든 이야기를 제어하지 않고 말하게 하거나, 혹은 꿈을 분석하는 방식 등으로 무의식 세계를 들여다보고 어떤 근원적 원인을 발견하고 현재 경험하는 문제에 대한 해결의 실마리를 찾아 간다.

심리에 관심을 가지면서 자연스레 프로이트의 정신분석과 융의 분석심리에 관한 입문서도 읽게 되었다. 두 사람 모두 '분석'이라는 단어를 사용한 것은 인간의 무의식에 대한 분석과 관련 있기 때문이다. 무의식은 미지의 영역이니, 지층 밑의 지질을 조사하기 위해 전파를 쏜 후 되돌아오는 파장을 분석하여 조금씩 알아 가는 것처럼, 오랜 시간을 두고 작은 단서들을 모아서 분석하면서 알아 가야 하는 영역이다. 두 학파 모두 무의식을 다루지만, 정신분석에서 말하는 무의식과 분석심리에서 말하는 무의식은 상당히 다른 개념이다.

프로이트는 무의식을 이드(id)라고도 하였다. 정신분석은 인간의 정신을 이드(id, 원초아), 에고(ego, 자아), 슈퍼에고(superego, 초자아)로 구분한다. 이드 분석에서는 성적 욕구와 공격성을 매우 중요하게 다룬다. 이드는 동물적인 원초적 본능이다. 그래서인지는 몰라도 프로이트의 정신분석에서는 방어기제도 중요한 개념이다. 방어기제는 무의식 세계에 있는 이드 곧 원초아가 우리를 흔드는 것을 통제하는 역할을 하기 때문이다. 우리가 욕구 그대로 행동한다면 아마도 인간다움을 유지할 수는 없을 것이다. 우리는 사회적 가치 규범과 양심 등에 따라서 동물적 본능을 잘 통제하면서 문화적 인간으로 생활한다. 그 역할을 방어기제가 하는 것이다.

방어기제가 잘 작동하려면 에고 즉 자아가 건강해야 한다. 자아가 약해지면 방어기제가 약해진다. 그 결과 무의식의 에너지가 마그마가 분출하듯이 솟구치고 그 결과 어떤 감정적 어려움 또는 신체적, 관계적, 정신적 등 역기능에 빠진다. 프로이트가 말하는 인간의 정신 구조와 방어기제에 대한 설명을 읽다 보면 인간에 대한 측은지심이

무의식의 영역에도 성찰이 존재한다

느껴진다. 인간은 자기도 의식하지 못하는 죄 된 본능의 역동을 어떻게든 통제하면서 문명인으로 살려고 발버둥 치는 그런 존재로 보이기 때문이다.

융이 설명하는 무의식은 억제해야 하는 충동이나 욕구가 아니라 무한한 잠재력을 품고 있는 미지의 영역 또는 깊은 심연과 같은 이미지이다. 뇌과학자가 우리 뇌의 신경세포 연결망은 매우 복잡하고 우주의 별만큼이나 많아서 우리는 뇌의 능력 일부를 사용할 뿐이라고 말할 때 그 뇌 전체의 잠재력 같은 느낌을 준다. 인간은 또한 집단적 무의식을 가지고 있는데 오랫동안 구전되어 전해 온 신화에서 그 윤곽을 어렴풋이 엿볼 수 있다. 신화가 시대를 초월하여 우리의 상상력을 불러일으키고 공명하는 이야기로 전승되고 재탄생하는 이유이다.

그렇게 프로이트와 융을 비교하며 읽으면서 '인간의 무의식은 잘 관리하고 억제해야 하는 동물적 욕구일 뿐일까? 인간에게는 영원과 거룩과 이상 등을 추구하는 강렬한 욕구가 있지 않는가?' 하는 생각이 들었다. 무협만화만 보더라도 궁극의 선을 추구하기 위해서 애쓰는 사람들의 이야기가 가득 담겨 있다. 이들은 프로이트가 말하는 초자아에 이끌려 이상을 추구하는 것이 아니라 오히려 원초아의 원초적 본능에 이끌리어 진리를 추구한다는 설명이 더 설득력이 있어 보인다. 인간의 무의식은 억제해야 할 동물적 본능만 있는 것이 아니라 신의 모습을 추구하는 전혀 다른 욕구도 있지 않을까?

영원과 이상과 선을 향한 추구는 의지로 점철된 억압적 노력이 아니라 무의식의 어쩔 수 없는 강렬한 욕구처럼 느껴진다. 인간에게는 신의 모습이 있다. 우리에게는 동물의 모습과 신의 모습이 함께 존재한다는 것을 문득 깨닫는다. 신적 이상을 추구하려는 숨겨진 욕구의 봉인을 해제하고 기꺼이 따라 보려는 그런 마음이 중년을 넘기면서 오히려 새싹이 나오듯이 생기고 있다. 융이 제안했듯이, 젊은 시절에 페르소나를 만들고 썼다면 중년을 넘어 노년으로 나아가는 시절은 가면을 벗고 무의식의 잠재력을 탐구할 시기이다.

무의식의 영역에도 성찰이 존재한다

변화라는 기본값

▲

변화의 바람이 거칠다면

변화는 사는 일을 어렵게 만들기도 하고 실마리가 되기도 한다. 마치 바람과도 같다. 바람은 우리를 앞으로 나아가게 하지만 우리가 곤란에 빠지게도 한다. 언제 어디에서 어떻게 시작될지 예측하기 힘들다. 특히 항해에는 바람을 읽고 다루는 기술이 매우 중요하다. 변화도 마찬가지다. 바람 같은 변화를 다루는 기술은 우리가 행복한 삶을 살 수 있는 환경을 창조하기 위해 꼭 배우고 숙련해야 하는 핵심 기술이다.

변화는 우리가 숙련한 기술, 생업에 필요한 능력을 쓸모없게 만들거나 적어도 그 가치를 퇴색시킨다. 인공지능(AI)은 우리가 자랑하던 우리의 차별적 능력이 어떻게 순식간에 흔한 것으로 전락하는가를 잘 보여 준다. 두려움을 느낄 정도로 명확하다. 그래서 변화에 잘 대응하는 사람들은 빠르게 무엇을 배운다. 높은 수준의 학습 민첩성을 발휘한다. 새롭게 주목받는 기술과 싸우지 않고 빠르게 수용하고 배워서 우군으로 만든다.

우리가 창조해야 하는 삶의 환경은, 모든 사람에게 동일하게 가치 있는 보편적 특성을 지닌 공간이 아니다. 자기 자신에게만 적용되는 독특함을 가지고 있다. 불어오는 '바람'은 우리가 욕망하고 바라는 우리의 무엇을 뜻하는 말 '바람'과 글자가 같다. 우리의 욕망을 담은 바람(hope)은 부는 바람(wind)처럼 그 근원을 알 수 없이 그렇게 움직인다. 외부에서 불어오는 물리적 변화와 우리의 내부에서 불어오는 정신적 변화를 조화롭게 이용할 때, 우리의 인생을 아름답게 만들어 갈 수 있으리라.

변화는 곧 어려움을 의미한다. 변화가 순풍이라면 우리가 그토록 변화를 이야기하고 다루는 방법을 알려고 하지 않을 것이다. 바람이 그러하듯 어려움은 우리를 성장시킬 수도 있고 망가지게 할 수도 있다. 바람이 강하면 우리도 강해져야 한다. 그리고 우리는 강해질 수 있는 잠재력을 충분히 가지고 있다. 그 힘은 자신의 감정과 생각 그리고 행동을 성찰하는 메타 인지에 숨어 있다. 잘 알지도 못하면서 자기 생각만으로 세상을 판단하는 어설픈 재판관의 시선은 던져 버리고, 알고자 하고 성장하고자 하는 학습자의 마음을 가지고 유연해지자. 생각하고 깨달아 알게 된 것을 실천해 보자. 이만큼 신나는 모험이 또 어디 있겠는가!

순수한 이상은 노년의 소명이다

신체가 건강하고 정신이 발달하고 있는 청년은 인생에 대해서 자신감과 희망을 품고 기꺼이 모험을 시작하려 한다. 인생의 아름다움을 그리는 노래, 그림, 영화, 드라마 등 대부분은 청년 시절을 소재로 다룬다.

그런 청년들이 살아가면서 냉혹한 현실에 부딪히며 타협해 간다. 현실에서 만나는 생존의 문제들은 가시덩굴처럼 우거져서 신념이 자라서 꽃을 피우고 열매를 맺는 것을 방해한다. 그러는 동안 그 마음과 정신은 온갖 경쟁과 비교와 걱정으로 가득 차고 주름지어 간다. 순수한 이상을 추구하기보다는 경쟁에서 이기며 최소한 남들만큼은 하고 살고 싶어 한다.

그러다 훌쩍 중년이 되어 버린다. 조금만 게을러져도 육체의 근육이 빠지는 것을 느끼고, 그냥 자고 일어났을 뿐인데 몸의 어디가 아프기 시작하고, 자신감이 줄어들고 미래에 대한 기대도 조금씩 줄어들며, 그래서 더욱 현실적이 되어 간다. 무엇을 꿈꾸며 새로 시작하는 것은 어려워진다. 지금 가지고 있는 것을 잘 지켜야 그나마 노년을 편안하게 살 수 있다는 생각에 위험을 회피하게 된다.

그렇다. 이제 중년에서 노년으로 넘어가는 문턱에 서 있는 나의 이야기이다. 그러다 어느 날 문득 통찰이 찾아왔다. 진정으로 순수한 이상은 노년이 되어서야 비로소 추구할 수 있다는 새로운 사실을 깨달았다. 노년이 되면 생활비가 적게 든다. 자녀들도 성장하여 제 앞가림을 하고 경제적으로 독립한다. 돈에 대한 압박이 줄어들면서 돈 때문에 무엇을 하는 것이 아니라 추구하던 이상을 실천하기 위해서 돈과 상관없이 무엇을 할 수 있다는 것을 알게 된 것이다.

몸이 쇠약해지고 호르몬이 잠잠해지니 정신은 오히려 맑아진다. 욕심도 경쟁심도 없이 사람을 대할 수 있게 된다. 남은 시간이 많지 않다는 것을 알게 된 이후로 시간을 아껴서 생활하게 된다. 감사의 진정한 의미를 경험해 간다. 노년이야말로 순수한 이상을 추구할 나이가 된 것이다.

옳고 그름의 한계

매사에 판단하려는 사람이 있다. 사실 내가 그런 사람이다. 어떤 사안을 대할 때면 나도 모르게 자동적 사고처럼 무엇이 옳은가를 판단한다. 판단 기준은 나의 지식과 생각이다. 판단은 정답을 전제로 하므로 나의 판단이 틀린 것으로 나오면 기분이 나빠진다. 사람마다 시각이 다르다는 것을 알게 되었고, 나의 기준은 객관적이지 않기에 바른 판단의 잣대가 되기 어렵다는 것을 경험으로 깨우쳤으면서도, 그런 기질로 태어나고 오랜 시간을 그런 방식으로 살아왔으므로 지금도 매사를 판단하는 습성에서 자유롭지 못하다.

옳고 그름을 분별하는 것은 중요하다. 판단하는 질문을 던지고 답을 찾고 행동하려 노력하는 일은 가치가 있다. 다만 기억하자. 그것이 전부는 아니라는 것을. 쉬운 실천법 중 하나는, 선악의 관점에서만 보려 하지 말고 등장인물들의 마음을 헤아려 보는 것이다. 그들의 심정은 어떠했을까? 어떤 연유로 그리했을까? 그리고 내가 사용하는 옳고 그름의 판단 근거는 그저 나의 생각일 뿐임을 기억하자. 그러다 보면 상황을 조금 더 넓게 보게 되고, 일의 전후를 살펴볼 수 있게 된다.

나이를 먹으면서 신체의 유연성이 떨어지듯이 정신도 그럴까 싶어 두려운 마음이 든다. 융이 알려 주었듯이, 인생의 중요한 과업 중의 하나는 내면의 그림자를 알아 가고 빛의 세상으로 끌어올려서 더불어 사는 즐거움을 맛보는 일이다. 옳고 그름에 집중하면 무엇을 해야 하는지는 조금 더 빨리 결정할 수 있으나, 대신 지금을 살지 못하게 된다. 지금과 연결되지 못하면 인생은 건조해진다. 그러니 조금은 천천히 가자.

주도적인 사람이 성공한다

열심히 사는 것 같은데도 삶이 여전히 내 뜻대로 되지 않고 더 어려워진다고 느끼는 이유는 세상이 달리는 속도를 점점 더 높이기 때문이리라. 우리는 늘 변화가 더 빠르고 커지고 있다고 경계하며 이야기하는데, 그 변화는 사람들이 만든다. 나는 속도를 조절하며 적절하게 걷거나 달리고 싶은데, 주변에서 나보다 빨리 달리는 사람들이 생기기 시작하고 다수의 사람이 속도를 올리고 있다면 나의 페이스를 마냥 고집할 수는 없다. 그러다가는 도로에서 다른 차량과 속도를 맞추지 못해서 사고가 나는 낭패를 당할 수 있다. 이러한 불합리를 어떻게 해결할 수 있을까?

변화와 경쟁은 개인과 조직에게 민첩하게 움직여서 적응력을 높이라고, 그러기 위해 과감하게 혁신하라고 압박한다. 가만히 앉아 있을 수 없는 운명이라면 운전대를 자신이 잡는 것이 현명하다. 우리가 살고 있는 세상은 주도적으로 행동해야 할 필요성을 증가시키기 때문이다. 주도적 행동을 단순히 여러 성격적 특성 중의 하나인 적극성과 유사한 것으로 이해하거나, 현대의 인재상 내지는 유행으로 여겨서는 안 된다. 치열한 경쟁과 혁신에 대한 압력이 강화되는 환경에서 개인과 조직의 효과성을 높일 수 있는 중요한 역량으로 조명할 필요가 있다.

프레데릭 라루는 그의 유명한 저서 《조직의 재창조》에서 1만 년 전 인류가 형성한 원시적 조직의 형태에서부터 현대에 이르기까지 조직의 진화를 5단계로 구분하고, 가장 진화된 조직의 특성도 다섯 가지로 제시하였다. 청록색으로 표현된 가장 진화된 조직의 특징은 '생명'이다. 청록색 조직은 조직이 지향하는 궁극적인 목적에 공감하는 사람들이 모여 있고, 탑다운 방식의 일사불란한 움직임보다 다양성과 조화를 중시하며, 구성원 각자의 주도적 행동과 관리에 의해서 작동한다. 대단히 성숙한 구성원과 조직문화를 바탕으로 최고의 효율성과 효과성을 달성하는 조직이라고 할 수 있다.

주도적 행동은 현재의 조건에 수동적으로 반응하는 것이 아니라 현재 상황을 개선하거나 새로운 상황을 만들기 위해 선제적으로 행동하는 것을 말한다. 《옥스퍼드 학습자용 영어사전》(Oxford Learner's English Dictionaries)은 '주도적(proactive)'을 "controlling a situation by making things happen rather than waiting for things to happen and then reacting to them"으로 정의한다. 사전적 정의에서 알 수 있듯이, 주도적인 행동은 일이 일어나기를 기다렸다가 그것에 반응하기보다는 일이 일어나도록 선제적으로 행동함으로써 상황을 통제하는 것을 강조한다.

주도적인 행동은 일견 우리가 무엇에 동기가 부여되었을 때 보이는 적극적인 행동과 유사해 보이지만 미묘한 차이가 있다. 예측하여 행동하는 것이기 때문이다. 사람의 행동을 설명하는 이론에는 자동적인가 아니면 의지적 선택인가의 두 관점이 존재한다. 자동적 관점에서는 의식적이고 의도적으로 자기를 조절할 수 있는 인간의 능력은 실제로 매우 제한되어 있다고 본다. 그래서 매 순간 심리적 생활의 대부분은 무의식적인 정신 과정을 통한 자동적 자기 조절로 인해 일어난다고 본다. 적어도 지금까지 변하지 않았고 앞으로도 변하지 않을 것으로 예상되는 주변 사람들의 행동적·심리적 특성을 보면 인간 행동에 대한 자동적 관점에 어느 정도 설명력이 있다.

반면, 의지적 선택 관점은 사람이 자기의 행동을 능동적으로 조절하고 다음에 벌어질 일을 예측하거나 기대하는 상상력과 욕구가 있어서, 이러한 능력을 토대로 자신의 기대를 충족하기 위하여 어떻게 행동해야 할지를 선택할 수 있다고 강조한다. 최근에 고객사의 한 임원이 내가 추진하는 프로젝트에 꾸준히 그러나 눈에 띄지 않게 비협조적으로 참여하여 화나게 만드는 행동을 반복적으로 했다. 그래도 그를 감정적으로 대하지 않고 업무보다는 관계가 우선이겠다는 전략적 판단을 내리고 개인적인 대화를 나누었다. 그런 유연한 행동을 한 나 자신을 보면, 의지적 선택 관점에 상당한 일리가 있다는 확신이 든다.

우리는 타인의 행동을 설명할 때는 자동적 관점이 더 설득력이 있다고 여기는 반면, 자기의 행동을 변명하거나 설명할 때는 의지적 관점을 사용하는 경향이 있다.

주도적으로 행동하는 사람은 미래의 사건이 발생하기 전에 예상하고, 숙고하고, 계획하고, 행동한다. 이것은 일반적으로 동기 부여된 행동과는 다르다. 동기가 부여되지 않은 사안에 대해서도 자기의 자율성과 통제권을 유지하기 위하여 주도적으로 행동한다. 즉 미래의 결과를 예상하고 구상하며 그 결과를 만들기 위해 상황을 선택하고 수정하는 것이다.

주도적인 행동은 벡터와 같아서 힘과 방향이 존재한다. 사람들은 주도적으로 행동하기로 마음을 먹으면 자신이 원하는 결과를 얻기 위해, 자신이 처한 상황을 의미 있게 바꾸어 주는 목표에 초점을 맞춘다. 주도적으로 행동하는 이들은 자극에 반응적으로 행동하거나 주변에서 기대하는 타인의 관점에서 주어진 바람직한 기준에 맞추기 위한 행동을 하기보다는 자신이 의도한 변화를 만들어 간다.

정답은 없어!

정답이 있는 분야가 있다. 대표적으로 수학, 물리, 화학 등 자연과학 영역은 우리가 알고 있든 아직 모르고 있든지에 관계없이 정답이 존재한다. 하나의 진실값이 존재한다고 확실히 믿어진다. 나는 강의를 할 때 종종 휴대폰을 꺼내어 들고는 청중에게 묻고 한다.

"이 휴대폰의 무게는 몇 그램일까요?"

우리는 답을 모를 뿐이지 정답이 있음을 안다. 저울에 올려놓으면 즉시 그 답을 알 수 있다. 그리고 그것이 정답이라는 사실에 대해 아무런 시비가 없다. 진실값이 하나만 존재한다.

그런데 우리 삶의 꽤 많은 영역은 정답이 하나만 있지 않다. 사회, 정치, 문화, 경제, 심리, 경영 등의 영역을 보면 무수한 현상들이 존재하고 문제들이 발생하는데, 이 가운데 무엇이 진실이고 어떻게 하는 것이 정답이라고 말할 수 없다. 다만 다들 자기 생각이 정답이라고 믿고 있을 뿐이다. 그래서 우리는 치열하게 논쟁하고 다툰다. 그 다툼이 서로를 죽이는 전쟁으로 흘러가지 않도록 오랜 세월 동안 여러 장치와 관습과 제도와 지혜를 발전시켜 왔다.

이처럼 정답이 없는 영역인데도 사람들에겐 정답이 있다고 믿는 경향이 있다. 정답이 있다고 믿기 때문에 '나는 모른다'라는 전제를 가지고 전문가로부터 배워야 한다고 생각한다. 누군가에게 배우는 것은 환영할 만한 일이지만, 정답이 있다는 전제는 학습을 왜곡하고 창의성을 파괴하기도 한다. 입을 다물고 들으려 하지도 않고 그저 외우려고만 한다. 그리고 충분히 설명해 주었는데도 여전히 모른다고 생각한다. 나는 이런 사람들의 행동을 꽤 많이 목격한다.

반면에 '정답이 어디 있어? 내가 원하는 것을 얻게 해주는 것이 정답이지!' 하는 태도를 가진 사람들은 자신들이 원하는 것이 무엇인지를 정확히 알려고 노력하고, 원하는 것을 가장 잘 얻을 수 있는 도구와 절차를 만들어 낸다. 신기하게도 그런 장치들은 제법 잘 작동하고, 간결하고, 멋지기까지 하다. 그렇게 용기를 내어 우리만의 방법을 만들어 가보자.

혹시 나는 편견을 가진 사람은 아닐까?

편견은 대상에 대한 잘못된 사전적 인식을 말한다. 어떤 대상을 부정적인 느낌으로 일반화시키는 이미지를 가지고 있다면 편견이라고 할 수 있으니, 편견을 가지는 것이 좋은 것은 아니다. 그러나 사람은 대개 편견을 지니고 있다. 다만 인식 여부와 정도가 다를 뿐이다. 만약 자신이 가지고 있는 편견을 발견했다면 그것으로부터 자유로워지기 위해서 노력해야 한다.

편견을 지닌 사람의 특징이 몇 가지 있는데, 우선은 매사를 흑백 논리로 보는 경향이 있다. 세상을 둘로 구분 짓는다. 편견을 가진 사람은 애매한 것을 싫어한다. 모호함에 대한 인내심이 부족하여 단정적으로 이름표를 붙인다. 살다 보면 세상이 그렇게 무 자르듯이 구분되는 것이 아니라는 것을 알게 된다. 그런데도 매사에 지나치게 명확성을 요구하고 있지는 않은지 돌아볼 일이다. "그래서 결론이 뭐야?" 이런 식으로 묻는 경향이 있다면 조심해야 한다.

그리고 주로 자기 인식 수준이 낮은 사람들이 편견이 심하다. 이들은 자기 잘못은 잘 인지하지 못하고 주로 외부를 탓한다. 자기의 잘못을 다른 사람에게 전가한다. 책임을 외부로 돌리기 때문에 목소리는 크지만 자기 결정력이 부족하다. 남 탓을 하다 보니 자기의 능력을 사용해서 상황을 변화시킬 수 있다는 신념도 약하다.

또 편견이 심한 사람은 권위주의적 경향을 보인다. 이들은 개인의 자유에 대한 불편함을 느낀다. 권위적 인물에 대해 존경심을 보이고, 힘에 복종하고, 힘의 위계로 사람을 판단하며, 자기보다 아래에 있다고 여기는 사람에게 명령한다. 우리가 '꼰대'라고 부르는 성향도 이 부류라고 할 수 있다. 자신보다 위계가 낮다고 여겨지는 사람에게 자기의 가치관을 잣대로 들이대고 평가한다.

아, 나는 부디 편견이 적은 사람이길.

선행변인이 때로는 목적변인이다

선한 사람들이 도무지 이해할 수 없어 던지는 질문이 있다. 악한 사람들이 잘되고 평안하며 장수하는 것이다. 물론 악한 사람들 모두가 그러한 것은 아니겠지만, 언론에서 혹은 주변에서 그런 사람을 종종 본다. 그러면 깊은 자괴감과 회의감에 빠진다. 그러고는 묻게 된다. '정말 신이 존재하는가? 신이 있다면 이렇게 불공평할 리가 없어. 나 혼자 바르게 살려고 노력해 보아야 다 소용없어!' 실제로 삶을 방식을 바꾸는 이들도 있다.

우리는 인간이므로 누가 누구를 악하다고 판단하기 어렵다. 그래서 나는 옳고 너는 그르다는 정죄의 관점에서 말하지는 않겠다. 그저 우리에게 있다고 믿어지는 양심에 근거하여 생각하고 나에게 질문한다.

'내 기준으로 선하게 살고자 노력하는 목적이 무엇인가? 평안하고 장수하기 위해서? 살아 보니 선하게 사는 것이 부와 장수의 결과를 가져오는 선행변인이 아님을 깨닫고는, 잘 지내고 평안하고 장수하는 결과를 가져오는 선행변인을 찾아서 그렇게 살고자 삶의 방식을 바꾸려는 것인가?'

만일 그렇다면 많이 틀렸다. 선하게 살고자 노력하는 것은 어떤 결과를 가져오려는 선행변인이 아니다. 그 자체가 목적변인이다.

외로운 시대를 사는 법

과거에는 강조되지 않았으나 요즘에 자주 거론되는 리더십의 특성과 행동이 있다. 바로 취약성(vulnerability)이다. 리더가 자신의 약함을 드러내는 것은 사실 매우 치명적일 수 있다. 구성원들의 신뢰를 잃어버리거나 경쟁자에게 공격받고 자리를 빼앗길 수도 있다. 그런데 최신 연구들은 자신의 취약점을 숨기지 않고 드러내는 것이 오히려 신뢰를 얻고 영향력을 강화하는 결과를 가져온다고 말한다.

상식적인 선에서 생각해 보면 이해될 듯도 하다. 그만큼 우리가 사는 세상이 급변하고 있다. 해결해야 할 도전들은 험난하며, 누구도 전체를 파악하고 통제할 수 없도록 더 복잡해졌다. 그리고 특정 계급이나 그룹이 독점하던 정보도 이제는 모든 사람이 접근할 수 있게 되었고 점점 수평적인 세상이 되고 있다. 그런 만큼 구성원의 자발적 참여가 중요해졌다. 이런 상황에서 필요한 리더십은, 리더가 직면한 위급한 상황의 실상을 공유하고, 자신이 모든 문제를 해결할 수 없다는 냉정한 사실을 인정하며 기꺼이 다른 사람들의 도움을 요청하는 것이다.

이와 관련하여, 나의 약점인데 되돌아보니 도움이 되었던 행동이 있었다. 나는 아픈 것을 잘 참지 못한다. 소위 엄살이 좀 심한 편이다. 그래서 아프다고 이야기하고 양해를 구하고, 때로는 부끄러운 줄도 모르고 도움을 청한다. 그러면 대부분 배려를 얻었고 필요한 도움을 받았다.

최근에 외로움 지수를 진단하는 자기 보고식 설문에 응답한 적이 있다. 그러면서 나의 주위에는 내가 어려울 때 도움을 청할 수 있는 사람들이 있다는 사실을 새삼 발견하였다. 이미 경험으로 확인한 바이다. 어려울 때 주변 지인들에게 도움을 요청했고 그들은 기꺼이 나를 도왔다. 만약 그때 도움을 요청하지 않았다면, 나를 도와줄 사람은 아무도 없다는 신념이 강화되었을지도 모른다.

초연결 사회가 되어 가고 있다. 그런데 정작 외로움과 소외를 경험하는 사람들은 늘어난다. 도움을 요청하는 것은 어려운 일이다. 대개 사람들은 도와 달라고 말하는 것을 무엇보다도 싫어한다. 그러나 이것은 능력이나 자존심 차원의 문제가 아니다. 혼자 할 수 있더라도 반드시 도움이 필요하다고 말해야 한다. 그러면 나를 도와줄 사람들이 있다는 것을 발견할 것이다.

도움을 구하는 것은 어려워하지만, 우리에게는 서로를 돕고자 하는 열망이 있다. 하지만 누가 어떤 어려움을 겪고 있고 어떤 도움을 필요로 하는지까지 알기 어렵다. 그러나 그것을 말한다면, 도와 달라고 요청한다면, 할 수 있는 범위 내에서 기꺼이 도우려 할 것이라는 믿음이 있다.

성찰하는 사람이 성공한다

▲

성찰은 내적 피드백 시스템이다

강과 바다에서 윈드서핑을 즐기는 서퍼는 바람을 탓하지 않는다. 그들은 변화무쌍한 바람과 파도의 방향과 에너지와 더불어 춤을 추며 민첩하게 돛(sail)을 조절하여 원하는 방향으로 제비처럼 달린다.

변화와 역경 등에 효과적으로 대응하기 위해서 우리 자신을 조절하는 대표적인 행동이 성찰이다. 성찰을 통해서 비효과적인 방식을 효과적인 것으로 바꿀 수 있다. 다만 기억할 것은, 성찰이 항상 우리의 건강과 행복에 도움이 되지는 않는다는 점이다. 사실 이것은 모든 좋은 것에 적용되는 교훈이기도 하다. 잘 사용하면 약이 되고 잘못 사용하면 독이 될 수도 있다.

타인의 시선 따위는 아랑곳하지 않고 자기 마음 내키는 대로 사는 사람들이 항상 타인의 시선을 의식하며 자신을 돌아보고 반성하며 조심하며 사는 사람들과 비교해서 더 건강하고 행복하게 살 것 같다는 인상을 받는다. 그러나 소심하게 자기를 살펴왔다면 속상해하지 말자. 세상의 무엇이든 보살피고 점검하지 않으면 금세 부서지고 기능이 떨어지기 마련이다. 아무 생각 없이 사는데 인생이 행복하도록 작동하지 않는다.

사람은 혼자 살지 않고 함께 사는 존재다. 그래서 타인을 의식하고 자신을 조심하는 사람들이 원만한 관계를 형성하고 더 행복하게 살 가능성이 높다. 그런데 지나치게 타인을 의식하거나 습관적으로 부정적인 경험과 감정에 붙들려서 되새김하듯이 거기에 머물러 있다면, 그건 생각에 잠겨 있는 것이지 생각하는 것이 아니다. 피드백 기제로서의 성찰이 아니라 무한반복과 같은 프로그램 오류에 빠진 것과 같다.

자기 성찰은 내적 피드백 시스템이다. 성찰하는 방법은, 기준이 합당한 것인가를 곰곰이 따져 보는 것이다. 피드백이란 산출물을 어떤 기준과 비교하고 원하는 결과를 얻기 위해서 입력을 조절하는 정보를 보내는 행위이다. 기준이 바르지 않다면 피드백 시스템은 엉망이 되고 만다. 그러니 우선은 내가 가지고 있는 기준이 정확히 무엇인지를 성찰해야 한다. 분노, 슬픔, 우울, 두려움, 기쁨, 흥미 등의 감정 변화를 경험하면 왜 이러한 감정을 느끼는지 생각하고, 발생한 일을 자신의 어떤 암묵적 기준과 비교하였는지를 곰곰이 생각하고 살펴보는 일은 매우 가치 있다.

성찰의 또 다른 방법은 경험한 일들 혹은 자극의 의미를 바르게 해석하였는지를 관찰하는 것이다. 사실 많은 성찰이 여기에 해당한다. 나의 해석이 타당한지, 근거가 있는지, 외면한 데이터는 없는지 등을 살펴서 균형 있는 해석에 도달하려고 노력하는 행동은 우리에게 스스로 조절할 수 있는 자유와 힘을 준다.

나의 내적 기준을 살피고 자극에 대한 나의 해석을 살펴보자. 그리고 어떤 통찰이 생겼다면, 나도 모르는 사이에 생겨서 나의 시각을 통제하였던 기준을 바꾸어 보자.

지질 조사

대략 한 달 전에, 빌라 주변을 측량하는 기사 몇 사람을 보았다. 길고 오랜 논의를 마치고 본격적으로 재건축을 시작하나 보다 생각했다. '왱' 하는 굉음이 들렸다. 창문을 열고 보니 빌라 주차장 한 귀퉁이에서 두 명의 작업자가 그라인더로 콘크리트 바닥을 잘라 배구공 정도 들어갈 만한 정사각형 구멍을 뚫고 있었다. 어떤 작업인지 호기심이 생겨 본격적으로 구경하기 시작했다. 세입자로서 재건축이 시작되면 사무실 이사를 해야 하니 대략 그 시기를 추정도 할 요량으로, 소음이 멈춘 틈을 타서 창문 너머로 고개를 내밀고는 인사하며 물어 보았다.

"수고하십니다. 이거 무슨 작업이에요?"

그러자 작업자가 답을 했다.

"예, 지질 조사 하는 거예요."

그러고 보니 수 미터가 넘어 보이는 꽤 긴 드릴이 달린, 땅에 박을 용도로 보이는 장비도 눈에 띄었다. 설계를 위한 준비 작업이라는 추가 설명을 들었다.

그렇겠다. 아파트를 설계하려면 지반이 어떤지를 알아야 한다. 땅속은 안 보이니 드릴로 뚫어서 샘플을 채취해야 할 것이다. 눈에 보이는 것만 보아서는 제대로 된 설계를 할 수 없다.

나는 매사에 좀 급한 편이다. 아이디어가 있으면 일단 실행해 본다. 아프고 서운한 것이 더 오래 가니 왜곡된 기억일 수도 있겠지만, 돌아보면 급하게 결정해서 이익을 본 기억보다는 손해를 본 기억이 선명하다. 마치 수십 층의 빌딩을 지으려는 비전에 충동처럼 이끌려, 주변 경관과 잘 어울리고 사용하려는 목적과 기능에 잘 부합하는 멋진 빌딩을 설계하고는 곧바로 터 파기 공사를 시작하는 그런 사람에 가깝다. 그러다가 암반이 나와서 낭패를 겪을 수도 있고, 지반이 너무 약해서 보강하느라 설계 자체를 수정해야 할 수도 있다.

건물을 지을 지반이 어떻게 형성되어 있는지 확인하기 위해서 시추공을 뚫는 정도의 조사는 하고 설계를 시작하는 것처럼, 마음이 급해도 한숨 돌리고 이면을 살피는 습관을 기르면 어떨까?

성찰하는 사람이 성공한다

사람은 달라질까?

리더십 개발 코치로 일해온 20여 년 동안, 사람이 변할 수 있느냐는 질문을 참 많이도 받았다. 리더 교육을 준비하기 위해 팀원들의 의견을 수렴하는 인터뷰에서, 직원들은 회사의 대표 또는 리더들에 대한 회의감을 내비치며 그들은 변하지 않는다는 믿음을 가지고 이런 질문을 했고, 조직의 리더들은 특정 구성원을 언급하며 그들이 성장하고 변화할 것이라 기대하지 않았다. 그리고 정직하고 솔직하게도 자기 자신 역시 달라지지 않을 것이라고 말하는 사람들을 참 많이 만났다.

교육은 변화를 떠나서는 생각하기 어렵다. 교육의 목적은 잠시 변했다가 다시 원래로 되돌아가는 변화가 아니라 영구적이고 실질적인 변화를 만드는 것이다. 변화를 꿈꾸는 사람이라면 변화를 현실로 만들기 위한 방법으로 교육의 기회를 찾는다. 달라지지 않는다면, 교육은 그야말로 시간 낭비요 자원 낭비다. 그러니 교육을 진행하는 사람으로서 참가자들의 솔직한 선입견에 진지하게 그리고 설득력 있게 답해야 했다.

사실 사람은 변한다. 나이를 먹으면서 신체가 달라지고 세상을 바라보는 시각이나 가치관도 달라진다. 이처럼 우리는 물이 아래로 흐르는 것 같은 자연적인 쇠락으로의 변화는 쉽게 수긍하지만, 물이 중력을 이기고 위로 흐를 수 없듯이 더 좋은 방향으로 변화할 것이라는 긍정적 관점에서의 믿음은 꽤 많은 경우 적게 가지고 있다. 위의 인터뷰에서 사람은 변하지 않는다는 답과 결을 같이 한다. 그리고 이러한 불신은 상당 부분 살아오면서 경험적으로 형성되었을 것이니 나름은 근거가 있고 얼마간 진실도 있다.

그렇다면 사람은 왜 변하지 않는가에 대해서 질문해 보아야 한다. 변화는 움직임의 전환이다. 그것도 움직이던 쪽으로 형성된 관성을 이기고 반대쪽으로 방향을 바꾸는 성격의 움직임을 의미한다. 움직임을 만드는 동력은 우리의 욕망이다. 욕망은 자석처럼 우리를 끌어당긴다. 우리는 욕망이 중력처럼 작용하는 그 방향을 향해서 나아간다. 변한다는 말은 욕망을 바꾼다는 말과 같다. 그러니 어찌 어렵지 않겠는가!

의도적으로 변하려고 노력하는 것은 중력을 뿌리치고 하늘로 향하는 로켓의 추진력 같은 힘을 요구한다. 얼마간 애쓰고 노력하여 일정한 변화를 만들고 지속할 수는 있지만, 열정이 식고 분위기가 시들해지면 로켓의 연소가 끝나고 다시 지구를 향해서 떨어지듯이 예전의 우리로 회귀한다. 이런 면에서 볼 때 사람의 변화는 참 어려운 과제이다.

그러나 추구하는 욕망의 변화가 일어난다면 사람의 변화는 순식간에 발생하고 영원히 지속될 수도 있다. 변화는 우리가 진실로 추구하는 욕망을 성찰하고 그것을 바꾸는 일이다. 욕망은 살펴보지도 않은 채 외적인 변화를 시도하는 접근은 언 발에 오줌 누기일 뿐이다.

성찰하는 사람이 성공한다

성공으로 이끄는 성찰

생명은 잘 만들어진 물건과는 다르다. 물건은 그것이 아무리 정교하다 할지라도 만들어진 그대로 있을 뿐 변화하지 못한다. 반면에 생명은 어떠하든지 살아 내려는 강한 본능을 가지고 있어서 환경에 적응하여 생존하기 위해 변화한다. 인본주의 심리학자 칼 로저스가 말한 것처럼 사람은 기본적으로 자기를 알고자 하고 자기를 발견하고 향상하고 실현하려는 경향성(actualization tendency)과 욕구를 가진다. 살아 내고 자기를 실현해 가는 일은 우리의 본능이자 목적이다. 인간은 자기가 원하는 상태를 이루기 위해, 달리 표현하면 목표를 설정하고 그것을 추구하는 과정에서 필연적으로 자기를 변화시킨다. 인간의 이러한 경향성과 자기 조절 능력은 시련과 어려움이 있을지라도 그것을 이기고 승화하여 행복한 삶을 살아 내게 하는 내적 자원이다.

만일 우리가 변화에 적응하기 위하여 자기를 변화시키고자 한다면, 먼저 주변에서 그리고 자신의 내부에서 무슨 일이 발생하고 있는지를 객관적으로 알아차려야 한다. 그리고 자기의 대응 방식의 결과와 효과성에 대해 평가적으로 분석하고 통찰을 얻고, 이를 반영하여 행동을 조절할 수 있어야 한다.

우리는 판단의 기준이라 여겼던 것을 의심하게 되는 당혹스러운 상황을 이전보다 더욱 자주 만난다. 그렇다면, 당연하게 여겼던 기존의 믿음을 확증하거나 수정하기 위하여 다시 조사하고 심사숙고

하는 성찰적 사고가 필요하다. 성찰은 일차적으로는 자기 생각, 감정, 행동에 대해서 살피고 알아차리는 자각이며, 본질적으로는 자기 생각과 감정의 작동 기준에 대해 명확한 이해와 통찰을 얻어 목적과 방향성 있는 변화를 추구하는 메타 인지적 조절 활동이다.

인간은 자신의 감정을 자극하거나 불편하게 만들거나 심지어는 두렵게 만드는 그 무엇을 정직하게 마주하고 조사하고 탐구하는 과정에서 새로운 지식을 학습하고 적응하게 된다. 원하는 목표를 달성하기 위해 자신의 수행을 관찰하고 평가하며, 거기에서 얻은 정보를 피드백으로 사용하여 성과를 성공적으로 개선하려는 자기 조절 활동인 자기 성찰을 통해 전문성을 향상하게 된다.

보이드와 팔레즈(Boyd & Fales)는 자기 성찰을 학습 과정이라고 하였다. 그들에 의하면 학습은 첫째, 내면의 불편함을 인식하는 것으로 시작한다. 이때 감정은 중요한 센서의 역할을 한다. 둘째, 감정이 알려 주는 우려가 구체적으로 무엇인지 확인하고 설명하는 일이다. 감정을 존중하고 수용하고 어떤 이야기를 하는지 잘 듣는 사람은 감정에 반복적으로 빠져 있거나 휘둘리지 않고 유연하게 전환할 수 있는 자기 조절력이 높다. 셋째, 자기의 감정과 생각에 붙들리지 않고 다양한 관점에서 관찰하면서 내부 및 외부 출처에서 새로운 정보를 수집하는 과정으로 나아간다. 예를 들어 불안과 걱정으로 일상에 지장이 있다면, 인터넷 검색을 통해 사실과 정보를 확인하고 지인 또는 전문가에게 의논을 요청한다든지 하는 것이다. 넷째, 수집된 정보를 비교 검토하여 어떤 결정을 내린다. 의사 결정에는 기준이 있기 마련인데 그 기준이 정당한 것인지를 살펴보고, 편향된 시각과 정보만을 가지고 있는 것은 아닌지 살펴보아야 한다. 그렇게 유연한 시각을 가지면 현실을 크고 넓은 관점에서 바라볼 수 있고, 수용하게 되고, 창조적 통합으로 표현되는 통찰에 도달할 수 있다. 다섯째, 최종적으로 새로운 통찰의 결과에 따라 어떻게 행동할지를 결정하고 실행한다. 이러한 일련의 성찰적 학습을 통해 우리는 과거, 현재, 미래와 자기의 연속성을 확립하면서 변화하고 성장한다.

학습 과정으로서의 자기 성찰은 결과를 바꾸기 위하여 행동을 바꾸는 피드백 시스템으로 작용한다. 어려움에 직면하여 자기가 추구하는 목표에서 이탈하거나, 스트레스를 경험하고, 웰빙에 손상을 입을 때에, 우리는 자기를 조절하려는 욕구와 동기가 높아진다. 놀랍게도 무의식이 그것을 알려 줄 때가 많다. 어려움은 작게 본다면 신발에 들어간 모래와도 같아서 걸을 때마다 불편감을 느끼게 하고 결국은 신발을 벗어서 모래를 털어 내도록 한다.

외적 변화와 내적 변화를 다루는 핵심 기술은 곧 자기 성찰이다. 자기 성찰은 인생을 살기 위한 중요한 기술이기에 학습하지 않아도 사용할 수 있는 본능적인 기술이다. 하지만 모든 기술이 그러하듯이 기술을 온전히 사용하기 위해서는 훈련하여 발전시켜야 하며, 또한 잘 사용하면 이익이 되고 잘못 사용하면 손해가 된다.

리추얼, 성찰의 설계

습관과 리추얼

습관과 리추얼(ritual)은 비슷하면서도 다른 면이 있다. 반복적으로 어떤 행동을 수행한다는 면에서 비슷하지만, 인식(awareness)하는 몰입의 수준에서 차이가 난다. 습관은 매우 익숙해져서 때로는 의식하지 않고 자동적으로 어떤 행동을 하는 경우를 말한다. 자극에 대한 무조건적 반사와 같다. 이를테면 대화할 때, 운전할 때 등 일상생활에 드러나는, 사람마다의 서로 다른 재미있는 습관들이 있다. 습관적으로 수행된 행동들은 잘 기억하지 못하고 "내가 언제 그랬어?" 할 때가 많다.

리추얼은 매우 익숙해져서 자연스럽게 그리고 규칙적으로 수행하는 습관화된 행동이기는 하지만 매우 높은 수준의 인식을 유지하며 실행한다는 면에서 습관과 완전히 다르다. 영화 〈더 이퀄라이저〉에서 주인공 맥콜(덴절 워싱턴)은 카페에서 차를 마시기 위해 냅킨 두 장을 반듯하게 펼치고는 티스푼을 놓는다. 리추얼은 산만하고 분주하고 어지러운 감정과 생각과 행동을 정돈하게 한다. 하지만 리추얼을 습관으로 만들지 않는다면 제대로 이익을 얻지 못한다. 습관으로 만든 생활의 리추얼은 우리의 하루를 건강하고 풍요롭게 한다.

수박 겉핥기로는 수박을 맛볼 수 없다

지금 무슨 일을 하고 있는데, 그 일이 도무지 재미가 없지만 반드시 해야 해서 마지못해 하느라고 고역이라면, 바로 그 상태가 수박 겉핥기를 하는 상황일 수 있다. 수박을 쪼개는 것이 싫어서 혹은 쪼갤 수가 없어서 겉만 핥고 있다고 생각하면 상상만으로도 끔찍하다. 수박이 있다면 기꺼이 수박을 쪼개는 수고를 하여 달고 시원한 수박을 맛보아야 한다. 비슷한 다른 비유를 들어 보자면, 태권도에서 격파 시범을 보일 때에 송판이든 벽돌이든 그것이 부서져야 손이 아프지 않고 다치질 않는다. 손을 다칠까 주저하면서 어설프게 내리쳤다가는 오히려 크게 다치기 십상이다. 강한 기합을 내지르고 혼신의 힘을 다해 내리칠 때 격파의 짜릿한 쾌감을 맛볼 수 있다.

하루 종일 논문을 찾아서 읽었는데, 도무지 재미가 없었다. 그러다가 다시금 깨달았다. 대충 뭐 인용할 만한 쓸 만한 문장이나 찾으려고 이리저리 뒤지니 어찌 재미가 있을까! 수박 겉핥기만 실컷 하고 있었던 게다. 자세를 바꾸어 시간이 상당히 걸리더라도 좋은 논문 하나를 어느 정도는 이해할 수준으로 제대로 읽어 보기로 했다. 연구자가 무슨 궁금증을 가지고 어떻게 논리를 펼쳐 갔는지 이해해 보자 하는 마음을 가지고 느긋하게 읽기 시작하니 맛이 느껴졌다. 그리고 결국은 도움이 되는 증거 자료들과 논리를 더 많이 찾게 되었다. 무슨 일이든 할 때는 대강 하지 말고, 자세를 잡고 제대로 수행하여 그 맛을 맛보자. 길게 보면 그것이 즐겁고 빠르기까지 하다.

도널드 밀러는 그의 책 《천 년 동안 백만 마일》에서 안데스의 마추픽추에 다녀온 이야기를 흥미롭게 소개한다. 마추픽추 트레일은 해발 4,000미터가 넘는 안데스산맥의 고지대에 위치해 있다. 평소에 운동으로 건강한 사람들에게도 죽음의 고통이라고 할 만큼 매우 힘든 등산 코스이다. 그는 어떤 계기로 잉카 트레일에 참여하게 되었고, 몇 달간의 철저한 자기 관리와 운동을 통해 실전에서의 극한 고통에 대비하였다. 그는 적어도 등산 중간에 포기하고 내려오는 모습을 여자 친구에서 보이는 꼴사나운 불상사가 발생하지 않도록 철저하게 체력을 단련하였다.

해발 3,300미터에 자리한 쿠스코에 도착하여 고지대의 산소 부족으로 인한 두통에 적응하며 하룻밤을 묵은 일행은 다음 날 마추픽추를 향해 출발했다. 가이드가 마추픽추로 올라가는 두 가지 길이 있음을 알려 주었다. 강을 따라서 계속 올라가면 여섯 시간 만에 목적지에 도착하는, 상대적으로 매우 손쉬운 지름길이 있다는 솔깃한 옵션을 제시했다. 하지만 그 길은 교역로만 쓰였기에 순례를 가려면 잉카 트레일로 걸어야 한다고 했다. 가이드가 가리키는 방향에는 불모의 계곡 위로 빽빽한 산림과 열대 우림이 있었고 그 너머로 눈 덮인 안데스의 고봉들이 보였다. 나흘 길이라고 했다.

"잉카족은 왜 편한 길을 놔두고 사람들을 먼 길로 가게 했을까요?"라는 질문에 가이드는 "황제는 알았죠. 마추픽추로 가는 여정에 고통이 더할수록 도착해서 그 도시에 더 감탄하리라는 것을요."라고 대답하였다. 도널드와 그의 일행은 순례의 길을 택했다. 물론 중간에는 기진맥진한 채로 욱신거리는 다리를 끌다시피 걸으면서 "내가 미쳤지" 하고 후회했지만 말이다. 마침내 꼬박 나흘 동안 고난의 길을 걷고서야 그들은 아침에 태양의 문에 도착했다. 발에 물집이 잡히고 다리는 욱신거렸지만 흥분을 참을 수 없어 펄쩍펄쩍 뛰었다. 일행은 안개가 자욱한 그곳에서 노래를 부르며 안개가 걷히기를 기다렸다. 그러고는 가이드의 말이 옳았음을 알았다. 그들은 거기서 완벽한 아름다움과 그것을 건설한 잉카인들의 숨결을 느낄 수 있었다. 고달픈 삶을 살아온 사람들에게 천국은, 쉬운 삶을 살아온 사람들이 느끼는 것과는 다르리라는 것을 알게 되었다.

반대의 경험이 생각났다. 지인들과 백두산 천지를 보러 떠난 여행이었다. 상상만 해도 가슴 벅차오르는 천지의 광대한 모습을 보게 되리라는 설레는 희망을 담고 출발했다. 천지의 모습을 온전히 볼 수 있는 날은 1년에 몇 날이 안 되어 그 모습을 보려면 3대가 덕을 쌓아야 한다는 가이드의 말에 우리의 운을 점쳐 보기도 했다. 백두산에 도착해서 관리소의 중국인에게 몇 가지 주의를 들은 다음에 버스에 올랐다. 그리고 천지에 도착했다. 구름 한 점 없는 맑은 날씨에 깨끗한 천지를 보았다. 그런데 뭔가 좀 이상했다. 가슴 벅차오르는 감동이 없었다. 사람들은 천지를 배경으로 사진을 찍기에 바빴고, 휴대폰을 꺼내서는 집으로 전화해서 '여기는 천지다' 하고 통화를 하였다. 그곳에서 휴대전화가 그렇게 선명하게 연결되다니! 그렇게 10여 분을 구경하다 재촉하는 가이드의 목소리에 끌려서 다시 버스에 올랐다.

　그날 내가 본 백두산 천지는 민족의 기상을 대변하는 웅대하고 감개무량한 성지가 아니라 하나의 호수일 뿐이었다. 물론 산꼭대기에 그렇게 큰 호수가 있다는 사실이 흥미롭기는 했지만 말이다. 그렇다면 도널드 밀러처럼 순례의 길을 선택해서, 백두산 자락을 걸으며 그 흙과 풀과 나무와 바람을 느끼고 힘든 고통을 이겨 내고 가까스로 천지에 올랐다면 어떠했을까? 그 타는 갈증으로 허리 숙여 손으로 천지의 물을 떠서 한 모금 마시고 일어나 바라보았을 천지는 어떤 느낌으로 다가왔을까? 분명 도널드 밀러가 나흘을 걸어서 마추픽추에 도착하여 아침 안개가 흩어지기를 기다리면서 보았던 장엄한 아름다움이 주는 감격과 비슷하지 않았을까. 훗날 통일이 되면 그렇게 힘든 길을 선택해서 우리의 국토를 온전히 걸어 천지를 다시

보고 싶다는 꿈을 품었다.

이 두 가지 선택의 길은 인생을 사는 두 가지 방법이라고 이름을 붙일 수도 있겠다. 하나는 천지를 올라가던 길처럼 가급적 쉽고 편한 길을 선택하는 것이다. 많은 사람이 선호하는 것처럼 인기가 많겠지. 또 다른 하나는 힘들고 불편한 길을 선택하는 것이다. 선택하는 사람이 많지는 않을 것 같다. 하지만 세상에는 공짜가 없다는 것은 진실이다. 쉽게 얻은 것은 공을 들이지 않고 쉽게 만들어 내는 저급한 품질의 제품 같기 마련이다. 반면에 힘들고 어렵게 한 일은 들인 노력만큼의 보상을 되돌려주는 경우가 많다.

수학 때문에 지독한 스트레스를 받고 있던 딸아이에게 좀 충격적인 조언을 해준 적이 있었다. 학교에서 선생님에게 배우고, 학원에서 선생님에게 배우고, 개인 과외를 받고, 인강까지 들으며 수학을 공부하는데도 도무지 아이의 실력은 늘지를 않았다. 자신은 가망이 없다며 인생을 한탄하는 등 아이의 자괴감은 정말 심각했다. 그래서 차분히 아이에게 말해 주었다.

"너는 수학에 대해서 충분히 배웠고 들었어. 다만 너의 것으로 만들지 못한 거야. 그러니 이제 학원도 다니지 말고, 과외도 받지 말고, 인강도 듣지 말고, 혼자서 스스로의 힘으로 수학 문제를 풀려고 노력해 보는 것은 어떨까? 남이 해주는 설명을 들으면 아는 것 같은 착각에 빠지지. 하지만 정작 시험 시간에는 너 스스로 혼자서 문제를 풀어야 하는데, 오롯이 혼자서 문제를 해결해 본 적이 없었기 때문에 풀 수 없었던 건 아닐까? 아예 몰라서 못 풀어서 틀린 것하고, 98 퍼센트를 아는데 마지막 2퍼센트를 몰라서 틀린 것은, 결과는 똑같이 틀린 거야. 너는 후자인 것 같아."

아이는 처음에는 '잘하는 사람의 도움을 받아도 안 되는데 어떻게 혼자서 하라고 하느냐 말도 안 되는 소리다'라며 화를 내고 거절했다. 다행히 며칠 후에 "생각해 보니 아빠 말에 일리가 있는 것 같아. 그렇게 해 볼게"라고 했다. 그러고는 정말 기적처럼 아이는 몇 주 뒤에 자신감을 얻은 얼굴로 힘들기는 하지만 문제를 푸는 힘이 늘어나는 것 같다고 자랑스럽게 이야기하였다.

인생길이 운명적으로 주어지는 길이라면, 이왕이면 평탄하고 쉬운 길이 주어지기를 바라는 마음을 어찌할 수는 없다. 술술 잘 풀려서 한 알의 콩을 심었는데 30개, 60개, 100개의 콩을 얻는 일들이 많이 있었으면 정말 좋겠다. 하지만 만일 일이 잘 풀리지 않고 무엇을 해도 막히고 도저히 출구가 보이지 않는 어려움이 기다리고 있다고 하더라도 예전처럼 불평하거나 낙심하지는 말자는 다짐을 한다. 그 힘든 고비를 견디어 내고 결국은 목적지에 도착한 사람이 바라보고 누리는 인생의 행복과 감사는, 쉬운 길만을 걸어온 사람이 느끼는 것과는 비교가 되지 않을 것이기에 말이다.

지금 힘든 과정을 겪고 있다면 힘을 내어야 한다. 이겨야 한다. 철학자 니체의 말처럼 우리를 죽이지 못하는 것은 우리를 강하게 할 뿐이다. 세상에 존재하는 감동 있는 이야기 중에 고난이 없는 이야기는 단 하나도 없다. 힘든 만큼 우리는 큰 위로를 받게 될 것이다. 세상에 공짜는 없는 법! 고난을 이겨 내려는 당신의 노력은 당신을 실망시키지 않을 것이다.

어려운 일을 조금은 쉽게 하는 요령

어려운 일은 하기에 어렵기 때문에 '어려운 일'이라고 부른다. 그러나 어려운 일이라도 조금 쉽게 할 수 있는 요령은 있다.

첫째, 덩치가 크고 눈에 띄는 문제부터 해결한다. 넓은 잔디 운동장에서 풀을 뽑아야 하는데 주어진 시간이 별로 없었다. 무작정 운동장에 앉아서 열심히 풀을 뽑았지만 시간 안에 일을 마치지 못하고 고생만 하고 혼이 났다. 그런 일을 겪으며 터득한 요령은, 한 구역부터 차근차근 풀을 뽑아 나가는 것이 아니라 운동장 전체를 걸으면서 키가 크고 넓은 면적을 차지하여서 눈에 띄는 놈들부터 제거하는 방법이었다.

넓은 운동장의 잡초 제거와 같이 완성이 없는 그런 일, 해도 해도 끝이 나지 않는 그런 종류의 일이 있다. 이런 일들은 어느 단계에서 멈추더라도 진전된 것이 보이도록 크고 당면한 사안부터 처리하는 것이 현명하다. "입 놀릴 시간에 몸 놀리면 언젠가는 끝이 나게 되어 있어!" 영화 〈리틀 포레스트〉에 나오는 이 교훈은 시간이 많이 주어졌을 때나 쓸 수 있다.

둘째, 경험자에게 설명을 요청하여 배우고, 일의 전체 목록을 파악한다. 해 본 적이 없고 난도가 높은 일을 기한 내에 완수해야 할 때는 유사한 작업을 수행해 본 경험자로부터 설명을 듣는 것만큼 도움이 되는 것도 없다. 전문의라면 눈을 감고 한다는 간단한 충수염 수술도 인턴이 시행착오를 겪으면서 혼자서 습득하려면 몇 년이 걸릴지 모른다. 하지만 숙련자의 설명과 지도를 받으면 습득하는 시간은 일주일도 채 걸리지 않을 것이다.

설명을 들을 때는 가장 먼저 일의 큰 골격을 파악하는 데 집중한다. 처음에는 완성도를 내려놓고 완주하는 데 초점을 맞추는 것이 좋다. 그렇게 미숙하고 부족하더라도 일단 완성하면 성취감을 느끼게 되고, 지치지 않고 차츰차츰 완성도를 높일 수 있다.

셋째, 하루의 작업을 마칠 때는 내일 시작해야 할 일의 연결고리를 만들어 놓는다. 경험이 없는 일은 당연히 어렵고 낯설어서 해야할 일들을 제대로 파악하기 힘들다. 그래서 일을 하기는 하지만 미로 속에서 헤매는 듯한 답답함을 느끼기 십상이다. 밤늦게까지 일하다가 퇴근하고 아침에 출근하여 다시 일을 시작하려는데, 그동안 무엇을 하였는지조차 기억나지 않아서 했던 일을 처음 하듯 다시 하는 경우도 생긴다. 계속 제자리걸음을 하는 함정에 빠지는 거다. 진도가 나가지 않으니 재미도 없다. 그러므로 하루의 작업을 마칠 때에, 마치 연속드라마가 내일 드라마가 어떻게 시작될지 연결고리를 만드는 것처럼, 일의 연결고리를 만들어 놓고 마치는 것이 좋다. 그러면 바로 이어서 작업을 시작할 수 있고, 무엇보다도 드라마의 다음 이야기가 기다려지듯이 일도 재미있어진다.

하루를 여는 '아침 리추얼'

잘하는 일이라고 스스로 칭찬할 만한 것은 손가락으로 꼽는 정도이지만, 그중의 하나는 이제는 습관으로 몸에 익은 아침 리추얼이다.

첫 번째는 묵상이다. 아침에 일어나면 가장 먼저 성경을 읽고 묵상하고, 그러면서 깨닫는 것을 굳이 만년필을 이용하여 공책에 기록한다. 그리고 잠시 사랑하는 사람들을 위해 기도한다. 만년필은 펜촉이 종이를 스치고 지나갈 때 만들어지는 사각사각하는 감촉과 소리가 얼굴에 뿌려진 차가운 물방울처럼 정신을 깨워서 좋다. 만년필은 여러 개가 있지만 오래전에 동료가 이니셜을 새겨 선물한 검은색 펜을 사용한다. 그런데 만년필은 며칠만 사용하지 않고 그대로 두면 잉크가 굳기 때문에 매일 조금씩이라도 글씨를 써야 한다. 처음에는 그 번거로움이 불편했는데 지금은 그것이 식물을 보살피는 일 같아 오히려 마음에 든다.

두 번째는 운동이다. 성경 묵상을 마치고 바로 이어서 약 40분 정도 운동을 한다. 봄, 여름, 가을은 밖으로 나가 조깅을 하는 것으로 운동을 시작한다. 차갑고 축축한 아침 공기를 마시며 조용한 동네 골목을 달리다 보면 눈도 마음도 반짝이기 시작한다. 15분 정도를 뛰면 숨이 차고 몸도 풀려서 근력 운동을 하기 좋은 상태가 된다. 학교 운동장 옆에 주민을 위해 개방되어 있는 운동기구를 이용하여 풀업 30개를 세 번에 나누어서 하고, 푸시업 40개를 1회에 마친다. 집으로 돌아와 플랭크를 1분 정도 하고 간단한 체조로 스트레칭을 하면서 마무리한다.

겨울에는 어둡기도 하고 무엇보다 춥기 때문에 거실에서 운동한다. 실내에서 운동할 때는, 먼저 5킬로그램 바벨을 각각 양손에 들고서 10분 알람을 맞춘 후에 식탁 의자를 오르내린다. 그러고는 방문에 설치한 거치식 철봉을 이용해 풀업 30개를 세 번에 나누어 한다. 다음으로 줄넘기를 사용하지 않은 줄넘기, 일종의 제자리 뛰기를 5분 알람을 맞추어 두고 한다. 이러면 종아리가 팽팽해지는 느낌이 들어 좋다. 다음으로 푸시업 40개, 플랭크 1분으로 운동을 마무리한다.

세 번째는 커피이다. 원두를 갈아서 커피를 내려 마신다. 이것은 리추얼을 넘어서 내가 누리는 호사 가운데 하나라고 해야 할 것 같다. 꽤 오랜 기간 커피를 내려 마시다 보니, 이제 원두를 오래 볶아서 사용하는 프랜차이즈 카페의 커피들은 쓴맛이 나서 내 입에 맞지 않게 되었다. 적당하게 볶은 원두를 대나무로 만들어진 분쇄기에 넣고 왼손으로 돌려서 간다. 나는 오른손잡이여서 왼손으로 원을 그리는 운동이 어색한 감이 있지만 속도를 천천히 하게 하고 집중하게 하므로 좋다. 커피는 두 사람이 마실 양으로 내려서 한 잔을 마시고, 나머지 한 잔은 오전 10시경에 마신다. 식었을 때 먹어도 맛있어야 진짜 맛있는 음식인 것처럼 식은 후에 마셔도 맛있다면 좋은 커피라 할 만하다.

습관이 된 '아침 리추얼'들이 처음에는 하루를 준비하는 워밍업이었다. 지금도 그 역할을 충실히 하고 있다. 그러나 이제는 무엇을 위해가 아니라 그것을 위하여 하루가 존재하는 느낌이다.

안드레아 게일 호와 선장 빌리의 실화를 바탕으로 만들어진 영화 〈퍼펙트 스톰〉의 엔딩에서 묘사된, 빌리가 동료 선장 린다에게 찬사를 담아서 건네는 출항의 장면이 떠오른다. 아래의 문구는 유튜브에서 구매하여 본 영화 대사를 조금 수정하여 옮긴 것이다.

안개가 걷히면
밧줄을 풀고 고물을 개시하고
남쪽 해협을 향하여 로키넥과 텐파운드 섬을 지나
나팔을 불며 대처 섬 등대지기 애들에게 손을 흔들면서
어릴 때 스케이트를 탔던 나일 연못을 지나가지

나타나는 새무리들
검은 등 재갈매기와 큰오리들

태양이 내리쬐면 정오엔 북으로 키를 돌리지
당신은 후끈 달아오르지

당신의 명령에 따라 선원들은 바삐 움직이고

알아? 당신은 더럽게 멋진 황새치 선장이야
더 멋진 게 있을까?

만선의 부푼 기대를 품고 만반의 준비를 하고 출항하는 어선의 선장과 선원들을 그린 멋진 장면에 감히 나의 아침 리추얼을 비교할 수는 없겠으나, 적어도 마음만큼은 그런 느낌이다. 멋지게 경건하게 후끈 달아오르지만 동시에 차분한 정신으로 오늘을 기대하고 내다보는 아침 리추얼은 그저 워밍업이 아니라 하루 중에 빛나는 순간 중의 하나가 되었다. 돌아보는 일도 좋은 성찰이지만 내다보는 일 또한 통찰을 얻는 즐거운 성찰이다.

2부
성찰의 실천

성찰의 시작점, 질문

질문의 힘

직장에서 일하는 중에 머리가 가장 비상하게 작동하는 때는 언제일까? 교육을 진행하던 중에 어느 대기업의 임원으로부터 흥미로운 이야기를 들었다. 본인의 경우에는 대표이사가 자신에게 무엇을 물어 볼 때라는 것이다. 그의 발표에 사람들이 모두 웃음을 터트리면서 고개를 끄덕였다.

질문을 하는 것은 여러 면에서 이익이 있다. 첫째, 자연스럽게 참여를 이끌어 낸다. 왜냐하면 질문을 받은 사람은 자동적으로 생각을 하고 답변하게 되기 때문이다. 그래서 팀원을 육성하고자 한다면 요령을 알려 주기 위해서 직접적으로 피드백을 주는 것과 아울러서, 스스로 생각하도록 자극하고 참여하도록 이끌기 위해 질문을 잘 사용하는 방법을 고려해야 한다.

둘째, 질문하는 주제를 중요하게 만든다. '질문이 중요합니다'라고 강조하는 것보다는 '질문은 왜 중요할까요?'라고 묻는 것이 더 효과적인 접근이다. 이와 같은 방식은 중요한 사안이나 관점임에도 불구하고 사람들이 소홀히 여기고 있는 의제(agenda)에 관해 질문을 함으로써 주변 사람들도 똑같이 중요하게 여기고 몰입하는 계기를 만든다. 무엇을 질문해야 하는지를 아는 것이 중요한 이유이다.

셋째, 합의된 사항이 실천되게 하는 동력을 강화한다. 사람은 욕구에 의해서 움직인다고 보아도 과언이 아니다. 욕구는 생리적인 것과 심리적인 것으로 구분할 수 있다. 먹고사는 문제가 해결된 요즘 시대에는 심리적 욕구가 더욱 중요해졌다. 인간이 가진 심리적 욕구 중에 가장 강력한 것으로 '자율'을 들 수 있다. 누가 시켜서 하는 것은 싫어하지만, 그것이 자기의 생각이라고 느끼면 그 일을 추진할 동기가 커진다. 질문을 하고 답을 찾는 방식으로 집단 의사 결정이 이뤄졌다면 그 방안은 실행 과정에서 협력을 훨씬 더 그리고 잘 얻을 수 있다.

질문은 타인에게 하는 것만은 아니다. 질문의 힘을 사용하고 싶다면, 자기 자신에게 매일 한 가지씩 질문을 던지면 된다. 먼저 이렇게 물어 보면 어떨까? '나는 나에게 어떤 질문을 해야 할까?'

마음의 레버리지

질문하는 사람을 옆에 두라

상대방에게 결정권을 넘기는 존중이자 어떤 때는 움직이는 힘이 되는 것이 바로 질문이다. 질문은 힘을 사용하되 합리적인 기준에 근거해서 결정하게 하는, 품위를 갖춘 힘의 발휘이다. 질문은 대화의 주제를 결정하고, 관심과 자원을 어디에 써야 하는지를 결정한다. 질문에 의해서 사건의 전개가 확연히 달라진다.

질문하는 것이 업무 수행에 매우 중요한 직업이 있다. 그중의 하나는 아마도 검사, 변호사, 판사 등 법조계에 근무하는 사람일 것이다. 내가 그 직업에 종사하지 않으니 확실히 알 수는 없지만, 드라마나 영화로 엿보게 되는 그들의 직업 현장의 클라이맥스는 질문하는 장면으로 묘사되곤 한다. 그리고 무엇을 질문하느냐에 따라 판세가 달라진다.

기자, 앵커들도 늘 질문한다. 이들의 질문은 여론의 향배에 중요한 영향을 미친다. 이들의 질문에 의해서 숨겨진 것들이 수면 위로 떠오르고 대중의 주목을 받는다. 노련한 기자를 보면 역시 무엇을 물어야 하는지를 아는 것 같다. 아니, 알기보다는 긴 시간 동안 단련하여 숙련된 기술과 후각적 본능이 있어서 어디서 냄새가 나는지를 감각한다.

정신과 의사, 심리상담사, 코치 등 심리 서비스 분야에서 일하는 사람들 역시 질문을 하는 것이 업의 핵심으로 보인다. 내담자를 최대한 편안하게 배려하고 지지하지만, 치료하거나 살펴보아야 하는

성찰의 시작점, 질문

환부를 기막히게 알아차리고는 메스를 대듯이 냉정하게 질문한다. 회피하고 억누르고 무의식적으로 거부해 왔거나, 혹은 미련하고 무감각하여 듣지 못했고 느끼지 못하던 것에 주의를 기울이도록 이끈다.

질문을 받는 사람에게는 답변을 거부할 권리가 보장되어 있다. 하지만 말을 한다면 진실을 말해야 하는 의무가 주어진다. 질문과 답변은 참으로 고상한 결투와도 같다. 어떤 결투는 상대를 넘어뜨리고 승리를 쟁취하는 것을 목표로 하고, 어떤 결투는 대련과도 같아서 상대를 지금보다 더 성장시키는 것을 목적으로 삼는다.

인간은 자신의 마음이 창조한 세계에서 산다. 그리고 우리가 세상을 움직이게 하는 조종실 역시도 우리의 마음이다. 질문은 그 세계를 창조하고 작동하는 중요하고 핵심적인 원동력인 인간의 인지 능력을 탁월하게 끌어올린다.

만일 당신이 조직에서 어떤 권한을 가지고 있는 사람이라면, 누구를 불러서 질문할 수 있는 힘이 있을 것이다. 당신은 그 능력을 무슨 목적을 위해 어떻게 사용하고 있는가? 당신이 정말 중요한 책임을 맡고 있는 사람이라면, 당신에게 질문하는 것이 의무이자 책임인 사람을 세워서 가까이에 두라. 구글의 회장을 지냈던 에릭 슈밋이 자기에게 도움이 된 최고의 조언은 "코치를 옆에 두라"였다고 소개하며, 질문하는 사람을 옆에 두라고 추천한 이유도 아마 이런 것이리라.

좋은 질문에는 정답이 없다

알고 싶기에 질문하는 것이고, 그래서 질문한 사람은 답을 듣고자 한다. 그런데 나의 경우 막상 질문에 대한 답을 얻으면 실망할 때가 더 많았다. 질문은 가슴을 뛰게 하고 머리에 각성제를 던져 주었지만, 찾은 답은 대체로 진부했다. 답은 일종의 도착점이자 사건의 종료이다.

꼭 답을 얻기 위해 질문을 하는 것은 아니다. 인생에 그리고 우주에 종착점이 있던가? 죽음이라고 말할 수도 있겠지만, 초등학교 졸업식 때 엉엉 우는 학생들에게 졸업은 끝이 아니라 새로운 시작이라고 이제는 얼굴도 기억나지 않는 선생님이 알려 주셨던 교훈처럼, 죽음도 새로운 시작일지 어찌 아는가? 질문은 생각하라는 요청이지 정답을 달라는 재촉이 아니다.

그렇다면 질문은 방향을 살피는 것에 더 가깝겠다. 그러니 이미 답을 얻었다고 생각한 질문도 종종 다시 생각해 볼 일이다.

리더에게 필요한 질문 기술

질문의 힘과 효과에 결정적인 영향을 미치는 기술 두 가지가 있다. 하나는 질문하는 내용을 적절하게 선택하는 안목이다. 질문은 무엇에 관심을 가져야 하는가를 결정한다. 질문을 하면, 우리는 질문된 대상에 주목하고 이야기하게 된다. 그러므로 질문한 내용 즉 그 무엇은 중요한 무엇이어야 한다.

　윤석열 대통령이 한국을 방문한 바이든 대통령과 정상회담을 한 후에 진행한 기자회견에서, 워싱턴포스트 기자가 그에게 던진 질문은 전 국민의 관심을 받았다. 그 기자는 "내각을 보면 남성이 대단히 많고 여성의 비율이 낮다"라고 평가한 후 "어떻게 하면 여성들의 대표성을 향상할 수 있고, 이를 위해 대통령과 정부는 어떤 정책을 펼 계획인가?"를 질문하였다. 이 질문의 영향이라고 단언할 수는 없지만 후에 여성 고위 공직자 임명이 증가하였다. 질문의 힘이 무엇에 대해서 물었는가에 있다는 것을 보여 주는 흥미로운 사례이다.

　이처럼 질문의 내용이 중요하기 때문에 대개 리더들이 팀원의 성과와 성장을 돕기 위해서 활용하면 좋을 질문 주제가 구조화되어 제공되고 있다. 이를 'GROW'라고 부른다. G는 Goal을 의미한다. 목적에 대해서, 원하는 결과에 대해서, 목표에 대해서 질문을 하면 거의 모든 경우에 상당히 가치 있는 대화를 나누게 된다. R은 Reality를 의미한다. 지금 현실은 어떠한지, 어디에 있는지, 해결해야 할 문제들은 무엇인지 등에 관해서 질문을 하라는 뜻이다. O는 Options를 의미한다. 현재의 어려움을 극복하고 원하는 결과를 얻기 위해서 무엇을 할 수 있는지에 대한 대안을 탐색한다는 뜻이다. W는 Will 즉 의지를 말한다. Options에서 논의된 여러 실행 방안 중에서 무엇을 선택하여 실행할 것인지를 결정하고, 실행 계획을 세운다는 뜻이다. GROW는 질문의 내용 즉 무엇을 질문해야 하는가에 대한 훌륭한 지침이다.

질문의 힘과 효과성을 결정하는 다른 하나는 질문하는 자세이다. 우리는 듣기 위해서 질문한다. 그런데 듣기 위해서가 아니라 추궁하기 위해서 질문하는 경우도 많다. 또는 원하는 답을 끌어내기 위해서 질문하는 경우도 꽤 많다. 법정에서 다투는 변호사 혹은 검사라면 원하는 결과를 얻기 위해서 정교하게 만들어진 질문을 구사할 것이다. 하지만 상대방이 최고의 실력을 발휘할 수 있도록 돕기 위해서 하는 질문이라면, 주도권을 상대방에게 내어 주고 무력한 상태에서 자신의 판단을 배제하고 질문하는 것이 좋다. 질문하는 사람이 이미 판단하고 결정해 버린 상태라면, 상대방이 높고 넓은 시야를 가지고 자기 자신을 검토하여 적절한 관점의 전환을 얻도록 돕기 어렵다.

피드백과 정보

▲

피드백을 정보로 활용하기

우리는 예전에 비해서 직장을 좀 더 자주 옮기거나 이사를 한다. 익숙한 곳을 떠나 낯선 곳에서 적응하는 일은 현대인에게 매우 자연스러운 삶의 양식이 되었다. 로마에 가면 로마의 법을 따르라는 말처럼 새로운 환경에서는 기존의 지식이 무용해지는 일이 많으므로 적응하기 위해 새로운 정보가 필요다. 예를 들어, 자녀를 둔 사람이라면 이사 후에 학교, 학원, 유치원, 어린이집의 평판은 적극적으로 찾아 나서는 고급 정보라는 데 동의할 것이다. 직장에서는 직무를 빠르게 수행하고 문제를 해결하기 위해서 정보는 매우 가치 있는 자원이다. 아직 익숙하지 않은 새로운 직장이나 부서나 직무라면 더욱 그러하다.

정보(information)는 우리가 문제를 해결하고 의사를 결정하고 생활을 해나가는 데 필요하지만 부족한 지식이라고 할 수 있다. 필요한데도 정작 우리가 모르고 있는 것이 정보이다. 이미 알고 있는 지식을 누군가가 알려 준다면 그것은 우리에게 정보가 되지는 않는다.

새로운 환경에 적응하고 문제를 해결하고 원하는 목표를 달성하는 데 꼭 필요한 지식의 격차를 해소하기 위해 정보를 탐색하는 노력은, 적응을 위한 대표적인 주도적 행동이다. 간단한 상상으로 알 수 있다. 사업 또는 여행을 목적으로 샌프란시스코에 갔는데 당신은 이 도시에 처음 방문하였다고 하자. 그러면 무엇을 할 것인가? 모른다고 가만히 앉아 있는 것은 매우 이상한 행동이다. 꼭 가야 하는 또는 가려고 정해 둔 목적지를 찾아가기 위해서 매우 적극적으로 정보를 알아볼 것이다.

필요한데도 여전히 알지 못하는 지식을 정보라고 했다. 그렇다면 피드백을 정보의 관점에서 바라볼 수 있다. 피드백은 결과(output)를 어떤 기준과 비교하여 평가하고 원하는 결과를 얻기 위해서 무엇이 어떻게 수정되어야 하는지(input)를 알려 준다. 피드백은 우리가 낯선 환경에 적응하고 원하는 목표를 달성하고자 고군분투하고 있을 때, 우리의 전략과 행동을 변화시키고 조절하는 데 매우 중요한 정보가 된다. 따라서 자기의 성과에 대한 평가 정보를 주도적으로 요청하고 주변에서 보내오는 피드백을 알아차리고 정확하게 해석하기 위해 경청하는 행동은, 삶을 주도적으로 살아가는 사람들이 보여 주는 태도이다.

직장에 다니는 사람들은 체계적인 조직 관리 활동의 일환으로, 조직에서 부여받은 명시적 목표와 암묵적 기대 그리고 이러한 기대와 목표를 달성하기 위한 노력과 결과를 평가하는 성과 평가를 주기적으로 받는다. 이 과정에 참여한 경험은 많은 경우에 좋은 기분은 아닌 듯하다. 조 허시(Joe Hirsch)는 그의 유명한 저서 《피드포워드》에서 딜로이트의 평가 시스템을 자세히 소개하며, 최종적으로 재판 같은 절차라고 묘사하였다. 성장과 성공을 위한 정보가 되는 피드백이 아니라 평판과 신분과 연봉에 큰 영향을 주는, 정확하고 공정하게 감정을 건드리는 선고라는 것이다.

그런데 매우 주도적인 사람들은 이 불편감을 주는 평가 제도를 변화와 성장을 위한 긍정적인 기회이자 수단으로 전환한다. 그들은 가치 있고 탁월한 최종 상태를 달성하기 위한 행동의 정확성과 적절성을 결정하기 위해 피드백 정보를 요청한다. 상사와 동료는 물론이고, 필요한 지식과 경험이 풍부하다면 부하 직원에게도 의견을 청하여 듣는 일에 적극적이다. 비슷하게 탁월성을 추구하는 사람들은 타인의 피드백을 비판이나 참견이 아닌 단순히 유용한 정보로 여기는 경향이 있다.

필요한 정보를 얻기 위해서 피드백을 얻는 방법은 크게 질문하기와 관찰하기로 구분한다. 질문하기는 관찰하기보다 좀 더 용기 있고 적극적인 행동이다. 예를 들어, 잠재 고객에게 프로젝트를 제안하는

마음의 레버리지

프레젠테이션을 주로 수행하는 사람이라면 긴장이 되는 발표를 마친 후에 함께 참석한 팀원 또는 동료들과 후속 조치를 위한 리뷰 미팅을 하면서 제안의 성공률을 높이기 위한 아이디어를 적극적으로 찾을 것이고, 좋은 의견을 제시한 동료에게 감사할 것이다. 손흥민 또는 김하성 같은 유명한 프로 스포츠 선수들 역시 유사한 목적의 세션을 진행한다. 훈련을 마치고 또는 경기를 마치고 동료 및 코치진과 함께 주의 깊게 경기를 복기하면서 깊이 있는 분석을 하고 다음 훈련과 경기에 대한 전략을 수립한다.

관찰하기는 피드백 정보를 얻는 간접적인 방법이다. 여기서 말하는 관찰하기는 기술이나 노하우를 배우려고 숙련된 전문가의 수행을 옆에서 세심하게 관찰하여 배우는 것을 의미하지는 않는다. 여기에서 말하는 관찰은 자신이 어떻게 행동하고 있는지, 다른 사람들에게 어떤 영향을 미치고 있는지, 다른 사람들이 자신에 대해 어떻게 생각하는지에 대한 정보를 얻기 위해서 다른 사람들의 반응이나 행동을 살펴보는 것이다.

중국의 춘추전국시대의 철학자 묵자(墨子)가 남긴 글 중에 "무감어수 감어인"(無鑑於水鑑於人)이라는 말이 있다. '자신의 모습을 물에 비추지 말고 다른 사람에게 비춰 보라'는 말인데, 이런 관찰을 통해서 자신의 돌아보는 성숙한 리더의 덕목을 알려 준다. 어떤 행동이 타인에게 불쾌감을 주지만 주변 사람들이 차마 당사자에게 말하지는 못하고 표정과 행동으로 불편한 기색을 내비칠 때, 매우 둔감하여 전혀 알아차리지 못하고 계속 자기중심적인 행동을 하는 사람들도 있다. 반대로 타인을 잘 배려하고 공감을 잘하여 만나면 편안하고 즐거운 사람들이 있다. 감성지능이 뛰어난 센스가 있는 사람들이 있다. 이들은 관찰하기를 통해 유용한 피드백 정보를 얻고 활용한다. 다만 관찰하기는 앞서 말한 것처럼 간접적 방법이어서 보다 안전한 활동이라는 장점이 있지만, 획득한 정보의 정확성이 떨어질 수 있다는 단점도 있다.

흔하게 널린 정보를 제대로 사용하고 있나?

세상에는 엄청난 양의 정보가 있고 지금도 빠른 속도로 생성되고 있다는 말을 종종 듣는다. 그러나 그것들이 다 어디에 있는지 눈에 보이지는 않기에 체감되지는 않았다. 그런가 보다 할 뿐이었다. 그러다 오랜만에 도서관에 가서 서가 이곳저곳을 훑으며 걷다 보니 실감이 났다. 처음 보는 제목의 신간들은 말할 것도 없고, 국내 혹은 국외에서 각종 고유한 사명을 가지고 일하는 기관들이 책임감을 가지고 매달 혹은 격월 혹은 매년 출간하는 수많은 보고서가 빼꼭하게 정리되어 있었다. 저것을 펼쳐서 읽어 보면 세상이 어떻게 돌아가고 있는지 좀 더 잘 알 수 있을까? 아마도 그럴 것이다. 그러라고 얼굴 모르는 어떤 연구원들이 수고하여 데이터를 수집하고 분석해서 편찬해 냈으리라.

예전에는 일부 권력과 재력을 소유한 사람들이 정보를 소유하고 공유하고 유통했다. 정보는 한정적이었고 통제되었다. 그러면 적어도 그때보다는 평등해졌다는 오늘의 세상이, 정보에 관해서도 평등해졌을까? 물론 우리가 모르는 정말 많은 돈을 지불하는 사람들에게만 제공되는 고급 정보들도 있겠으나 적어도 심리적으로는 정보의 양극화로 인한 불공정을 느끼는 사람들은 많지 않은 것 같다. 아니, 만나 보지 못했다. 나에게 정보를 달라고 머리에 띠를 두르고 외치는 사람들은 본 기억이 없다.

그렇다면 나는 지금 흔하게 널린 그 정보를 사용하고 있나? 정보는 정보일 뿐 사용하지 않으면 그 자체로 가치가 있지 않다. 정보를 가치 있게 쓰는 사람들은 그것을 피드백으로 활용한다. 정보는 피드백으로 활용할 때만이 가치가 있다. 피드백은 결과를 어떤 기준과 비교하여 현재의 상태를 보다 정확히 파악하고 원하는 결과를 얻기 위해서 자기를 변화시키는 조절 행동이다. 피드백 루프(Feedback Loop)가 작동하지 않고서는 원하는 결과를 꾸준히 얻기란 불가능하다.

원하는 결과를 얻기 위한 의미 있는 정보가 제공되었음에도 받는 이가 받은 정보를 피드백으로 활용하지 않는다면 그 정보는 낭비된다. 그러니 정보를 해석하는 안목이 매우 중요하다. 안목의 사전적 의미는 '사물을 보고 분별하는 견식'인데, 여기에서는 산출된 결과를 어떤 기준과 비교하여 그 차이를 확인할 것인가 하는 것을 말한다. 어떤 기준은 그야말로 어떤 기준이다. 세상살이가 어려운 것은 어떤 기준이 옳은지 즉 정답을 알기가 어렵기 때문이다. 이것이 우리가 보기에 터무니가 없는 행동과 결과를 만들어 내고 있으면서도 정작 자신은 잘하고 있다고 진심으로 믿고 주장하는 사람이 많은 이유이다.

피드백을 효과적으로 받는 법

▲

메신저의 중요성

우리는 상대방의 행동을 바꾸려는 목적을 가지고 상대에게 피드백을 줄 때가 많다. 피드백이란 원래가 바람직한 출력값을 얻기 위해 입력값을 바꾸는 일이므로 그 의도는 정당하다. 그러나 '과연 우리가 보낸 피드백이 잘 전달되어 문제를 해결하는가?'의 문제를 고려해야 한다.

기본적으로 의사소통 오류로 인한 문제가 발생하는데, 우리가 제공한 피드백 메시지의 내용이 그대로 전달되지 않고, 상대방이 해석하여 받아들인 내용이 입력값이 된다는 점이다. 피드백을 받는 사람이 피드백을 제공한 사람과 정황에 다양한 선입견을 개입시켜 해석을 하기에 사실상 수신된 정보 즉 제공한 사람의 의도와 내용이 심각하게 변질된다. 주는 사람은 결과를 좋게 할 것이라 믿는 정보를 주었지만, 받는 사람은 자신에 대한 평가로만 받아들일 가능성이 높다. 이러면 입력값이 달라지므로 기대하는 출력값은 당연히 얻기 어렵다.

상대방이 제공하는 피드백을 누구도 받으려 하지 않은 채 서로가 피드백을 주려고만 하는 경우라면 더욱 심각하다. 서로가 열심을 내어 대화하지만, 누구도 듣고 있지 않은 상황이 발생한다. 그러면 대화는 다툼으로 달려가고 결과는 예전보다 더 나빠질 것은 누구나 예상할 수 있다.

다른 사람으로부터 피드백을 받을 때 당연히 불편할 수 있다는 점을 수용하면, 피드백으로 인해 갈등과 다툼이 발생할 수는 있지만 거기서 멈추지 않고 긍정적인 변화를 창출하는 계기가 될 수 있다. 왜냐하면 상대방이 지적하고 해석한 내용은 문제의 핵심을 알려 줄 가능성이 높기 때문이다. 배가 아파 병원에 갔을 때, 의사가 아프면 말하라고 하면서 배의 이곳저곳을 누르며 진찰하는 경우와도 같다. 눌렀는데 아픈 곳이 진짜 병든 곳일 가능성이 높다. 흔히 별 의도 없이 건넨 말에 누군가가 발끈한다면 예상치 못하게 정곡을 찔렀다고 여기는 경우와도 비슷하다. 변화를 위해 살펴보아야 하는 숨겨져 있던 환부가 얼굴을 드러낸 것이기 때문이다.

메시지의 내용보다 메신저가 누구인가가 더 중요한 경우가 많다. 영화 〈내부자들〉을 보면, 확실한 증거에 기반하여 미래자동차의 정경 유착 비리를 폭로하는 안상구(이병헌 분)의 기자회견 장면이 나온다. 하지만 그는 건달이기에 그가 전한 메시지는 믿을 수 없는 거짓말로 왜곡되고 만다. 결국 영화의 결론에서는 검사 우장훈(조승우 분)이 같은 증거를 사용하여 기자회견을 하고 관련자들은 투옥된다. 이처럼 메신저를 어떻게 생각하고 있느냐에 따라 메시지를 다르게 해석하기 때문에 메신저는 매우 중요하다.

맨체스터 유나이티드를 이끌었던 퍼거슨 감독은 그의 저서 《리딩》에서, 경기에서 '이기고자 한다면 팀을 잘 이끌어야 하고, 잘 이끌고자 한다면 선수를 잘 알아야 하고, 잘 알기 위해서는 그들의 말을 경청해야 한다'라고 주장한다. 그의 말은 나에게 큰 감동을 주면서 힘 있게 다가왔다. 그런데 실상 그가 한 이야기는 '밥은 쌀로 짓는다' 정도의 매우 상식적인 교훈에 불과하다. 하지만 퍼거슨이 한 말이기에 허투루 들리지 않았다.

당신이 누군가에게 피드백을 주어야 하는 책임을 지니고 있다면, '메신저가 바로 메시지이다'라는 교훈을 기억해야 한다. 그리고 자신이 영향을 미치려는 상대방에게 신뢰를 얻는 메신저가 되기 위해서 성실하게 노력해야 한다. 반대로, 당신이 원하는 결과를 얻기 위해서 주도적으로 피드백 정보를 구하는 사람이라면 메신저가 주는 후광효과에 영향을 받지 않도록 주의해야 한다.

피드백을 정보로 받아들이고, 적극적으로 활용하고자 하고, 메신저가 메시지에 미치는 영향을 차단하려 한다면, 예상하지 못한 곳에

피드백을 효과적으로 받는 법

서 예상하지 못한 사람으로부터도 매우 귀중한 정보를 얻을 수 있다.

강의를 생업으로 하는 나는 아무래도 강의에 대한 수강생들의 평가 즉 만족도를 무시할 수가 없다. 그래서 늘 수강생의 관점에서 바라보고 그들의 필요를 충족하는 내용을 다루려고 노력한다. 하지만 강의 평가가 만족스럽지 않을 때도 있다. 그날도 바로 그러했다. 많은 노력을 기울여서 준비한 강의였지만 참가자들의 반응은 신통치가 않았다. 몇 개의 모듈을 마치고 쉬는 시간에 '어디서 무엇이 잘못되었을까? 분위기를 바꾸려면 어떻게 해야 할까?' 곰곰이 생각하고 있는데, 한 수강생이 지나가는 말로 간단한 자신의 의견을 건넸다. "강사님 교육 내용은 좋은데 목소리가 너무 진지한 것 같아요." 머릿속에 번쩍하고 불이 켜졌다. 매우 중요하다고 생각하고 진정성 있는 태도로 너무 열심히 강의하다 보니 나도 모르게 교훈하며 억지로 떠먹이듯이 진행되고 있었던 게다. 그의 피드백은 강의 분위기를 바꾸는 데 결정적인 기여를 했다. 그 뒤로도 그의 피드백은 나에게 매우 유용한 입력값이 되었다.

우리가 수신하는 피드백 정보를 왜곡시키는 요소는 매우 많다. 흔한 것은 때와 장소이다. 우리는 말에는 적절한 때와 장소가 있다고 믿는다. 그것을 분별하고 그것에 맞추어 말할 수 있는 사람을 배려심이 있고 지혜로운 사람이라고 여긴다. 그래서 피드백을 받을 때 기분이 나쁘다면 우리는 피드백을 주는 사람의 센스 없음을 지적한다. "그걸 꼭 지금 여기서 말해야 해? 어쩜 사람이 그렇게 자기밖에 모르니?" 하는 식이다.

메신저가 표방하는 종교, 지지하는 정당, 신념 등도 피드백을 변질시키는 주요 요인이다. 영향을 받지 않으려고 많이 의식적으로 노력하지만 쉽지는 않다. 나와 다른 정치적·종교적·도덕적 신념을 가지고 있는 사람이 주는 메시지는 무시하는 경우가 많다. 뉴스 기사의 경우, 제목이 내가 필요한 정보를 담고 있는 기사임을 알려 주더라도 언론사가 마음에 들지 않기 때문에 클릭하지 않는다. 그러니 이 얼마나 어리석은가!

우리는 피드백을 주는 사람의 의도에 관심이 많다. 사람의 행동에는 그 사람의 의도와 욕구가 반영되어 있기 마련이므로 우리는 메신저의 의도를 추측하게 된다. 별다른 의도 없이, 굳이 말하자면 선의를 가지고 의견을 주더라도, 나를 위한 정보로 활용하려는 태도를 보이기보다는 피드백을 통해 상대방이 어떤 유익을 얻고자 하는지에 더 관심이 많다. 누군가가 우리를 조종하려 한다면 심히 분노한다. 그러나 정작 메신저의 의도를 아는 것이 피드백 정보를 올바르게 해석하고 활용하는 데 얼마나 도움이 되는가? 말하는 이의 의도와 상관없이 정보를 유용하게 사용하는 것은 우리의 선택일 뿐이다.

자녀를 키우는 부모는 억울한 심정일 때가 많다. 부모로서 자녀에게 이런저런 상황에서 피드백을 주기 마련인데, 예를 들면 매일 적어도 15분 이상 숨이 가쁠 정도로 운동하기, 스마트폰을 보며 걷지말기, 당분이 많이 든 간식을 먹으면 꼭 양치하기 등이다. 그런데 부모가 주는 피드백은 그저 잔소리로 전락할 때가 많다. 오죽했으면 어떤 존경받는 코치는 자신이 50년을 넘게 애써 왔는데 결국 아내와 자녀의 행동은 달라지지 않았다는 깨달음을 이야기하며 가족을 바꾸려 하지 말라는 교훈을 주었을까! 그런데 똑같은 내용의 피드백을 학원 교사나 의사 또는 미용실의 디자이너가 말해 줄 때는 무척이나 진지하게 듣고 고마워하고 그것을 수용하는 것을 본다(아, 화난다!).

이해관계는 없고 전문성이 있는 사람이라면 그의 피드백은 유용할 경우가 많을 것이다. 반면에 우리를 힘들게 하는 사람들이 주는 피드백은 어떠할까? 누군가 당신을 힘들게 하고, 감정을 건드린다면, 그들은 당신과 무척 다른 관점을 가지고 있을 확률이 높다. 그들이 당신에 대하여 가지고 있는 관점이나 의견은 당신의 생각과는 매우 다르고 이질적이기에 수용하기 어렵다. 도움이 되는 정보는 이미 알고 있는 것을 확인해 주는 동질의 정보가 아니다. 내가 미처 고려하지 못했던 사각지대를 알려 주는 정보야말로 가치가 높다.

누군가에게서 피드백을 받는다면 그것은 우리에게 유용한 정보가 될 수 있다. 피드백을 받을 때는 먼저는 자동적이고 감정적으로 반응하지 않으려고 주의 깊게 노력하고, 다음으로는 상대방이 어떤 정보를 준 것인지 자신의 기준으로 해석하지 말고 경청해야 한다. 이렇게 적극적으로 경청한 후에 자신이 상대방의 의도를 제대로 이해했는지 질문하여 확인하는 과정을 거쳐서 우리 자신을 잘 조절하는 입력값으로 사용하면 어떨까? 이것이 성장과 성숙의 과정이 아닐까?

피드백이 일으키는 불편한 감정 관리하기

불량 혹은 문제점이란 산출물이 목표로 하는 기준과 다른 현상을 말한다. 불량이 발생하면 기준에 부합하는 산출물을 얻기 위해서 투입물 또는 처리 프로세스를 조절하여야 한다. 이러한 조절 활동이 피드백이다. 그런데 기준과 차이가 나는 결과물은 단순히 성과 문제만을 유발하지 않고 스트레스도 발생시킨다. 무엇을 언제까지 어느 수준으로 만들기 위한 주요 투입물과 처리 프로세스의 대다수가 일하는 사람의 노력과 스킬과 관련되므로, 해당하는 사람의 근무 태도나 기술에 변화를 주기 위해서 제공되는 피드백은 관련 당사자의 감정적 반응을 일으키게 되어 있다.

그래서인지 타인의 수행과 성과에 피드백을 주어야 하는 조장, 파트장, 팀장 등의 직위로 승진하는 것을 원하지 않는 사람들이 많아졌다는 소식을 꽤 오래전부터 들었다. 굳이 다른 사람에게 잔소리하고 싶지 않은 마음 때문일 테니 이해된다.

그럼에도 피드백은 목표로 하는 결과물을 창출하기 위한 조절 활동이므로 매우 중요하다. 인천국제공항을 이륙하여 LA국제공항으로 비행하는 여객기를 조종한다고 하자. 하늘에도 정해진 경로가 있는데 비행기는 바람 등의 이유로 끊임없이 비행경로를 이탈한다. 그런데 이때 인공위성에서 보내는 피드백이 없다면 비행기는 어떻게 될까? 어떤 사고가 발생할지 상상만 해도 끔찍하다. 감정적 불편감 때문에 피드백을 포기할 수는 없다. 그러면 어떻게 하면 피드백이 감정적 문제를 유발하지 않고 본연의 기능을 수행하도록 할 수 있을까?

첫째, 가능하다면 자기 피드백이 제일 좋다. 자기 피드백 시스템은 스스로 평가하고 스스로 조절하는 시스템을 의미한다. 피드백의 효과성은 크게 정보의 적절성과 수용성에 달려 있는데, 기본적으로 자기의 생각이라고 느낀다면 수용성이 크게 향상된다. 문제는 자기 피드백 내용의 적절성인데, 조직의 시스템, 문화, 역량이 고도화되면 충분히 가능한 운영 방식이다.

둘째, 피드백을 제공할 때는 피드백을 받는 사람의 동의를 구하는 절차를 거칠 필요가 있다. 우리가 조절하려는 대상은 생산 라인의 자동 공정 시스템이 아니라 사람이다. 그러므로 상대방의 행동에 변화를 요구하는 피드백의 경우에는 가급적 아니 꼭 상대의 동의를 구하는 절차가 필요하다. 이것은 여러 가지로 이점이 크다.

셋째, 제공된 피드백이 실행의 변화로 이어지도록 추적 관리해야 한다. 피드백 시스템은 사실상 문제 해결 프로세스와 같다. 문제 해결 프로세스는, 먼저 불편함을 느끼고 있다면 무엇이 문제인지를 정의한다. 문제 정의에 따라 해결책의 방향이 크게 달라진다. 다음에 원인을 살펴볼 것이고, 그러고 나면 무엇을 어떻게 바꿀 것인지를 따져 보게 되며, 최종적으로 실제적인 계획을 수립하고 실행한다. 이러한 표준화된 문제 해결 프로세스를 적용하면, 피드백에서도 감정의 불필요한 개입을 통제하면서 보다 객관적이고 실용적인 방식으로 시스템을 작동시킬 수 있다.

 예전과 많이 달라졌다고는 하지만, 요즘도 여전히 회의 시간에 직원에게 화내고 혼을 내고, 심지어 모욕적인 언행을 하는 상사들이 있다. 이러한 행동의 밑바닥에는 자신과 팀원의 관계에 대한 심각한 오류가 자리 잡고 있다. 팀원에게 화를 내는 사람은 자기보다 힘이 세다고 여겨지는 사람에게는 무례하게 행동하지 않는다. 여전히 조직 내의 관계를 위계의 관점에서 인식하는 사람들이 있다. 이런 부류의 상사들은 문제 해결 프로세스를 작동하지 않고 피드백을 그저 감정의 배출구로 활용하여, 조직에 심각한 해를 끼친다.

성찰의 실천

▲

코로나가 전해 준 선물

코로나는 나에게서 일할 공간을 빼앗았다. 프리랜서로 활동하는 나는 주로 도서관, 창업지원센터와 같이 공공기관이 제공하는 서비스 공간에서 작업을 해 왔다. 그 공간들은 매우 쾌적하고 효율적이어서 사실 그 어떤 대기업의 사무 공간과 비교해도 손색이 없다. 더군다나 물리적으로 정해진 공간에서 근무해야 하는 일반 조직의 통제적 방식에 거부감을 느끼는 나와 같은 사람에게는 더욱 귀한 작업 공간이다. 하지만 코로나 확진자가 늘면서 공공 공간들이 폐쇄되었고, 바로 그 순간부터 나는 소위 출근할 공간이 사라졌다.

나는 '집은 쉬는 곳이지 일하는 곳이 아니다'라는 나름의 원칙을 가지고 있고, 상당한 게으름을 타고났다고 생각한다. 이런 나를 다잡기 위해서라도 아침 일찍 어디론가 출근하는 습관을 오래전부터 가져 왔다. 그런 내가 꼼짝없이 집에 있어야 하는 것은 솔직히 힘든 변화였다. 설상가상으로 아내의 눈치가 심해졌고, 장모님과 학교에 가질 못하는 고등학생 아들과 대학에 입학했으나 입학식조차도 못한 딸아이와 그렇게 성인 다섯 명이 하루 종일 좁은 아파트에서 함께 생활하는 것은 계절의 변화처럼 서서히 그러나 착실하게 압력을 높여 갔다. 하지만 어쩌랴 갈 곳이 없는 것을.

인간은 적응하는 존재라고 했던가! 나는 이 변화에 적응해야 했다. 우선 시작한 것은 청소이다. 아침에 일찍 일어나 운동을 하고 나서 거실과 주방을 깔끔하게 청소했다. 진공청소기는 아침잠이 많은 아이에게 피해를 줄까 염려하여 돌리지 않고 물걸레를 사용하여 거실 바닥의 먼지를 제거하고, 강아지 배변판을 깔끔하게 닦았다. 청소는 확실히 기분을 좋게 만드는 효과가 있다.

다음으로 시작한 것은 설거지를 도맡아 하는 일이었다. 음식을 준비하는 것은 어떤 면에서는 어머니의 통치 영역이었기에 감히 그것을 넘볼 수 없거니와 능력도 없었기에 시도조차 하지 않았지만, 모두가 식사를 마친 후 주방에 수북하게 쌓인 그릇이며 지저분해진 식탁 등은 주인 없는 무주공산 같은 곳이어서 내가 쉽사리 점령할 수 있었다. 그리고 모두가 꺼리는 일이어서인지 작업을 마친 후에 나는 열렬한 찬사를 받았다. 게다가 무엇인가를 깔끔하게 해결했다는 성취감은 또 다른 본질적인 소득이 되었다.

코로나는 나에게서 생업을 빼앗았다. 정확히 표현하면 경제적인 어려움을 심화시켰다. 조직 관리자들의 리더십 개발을 목적으로 교육과 코칭을 하는 것이 직업인 나는 코로나가 발생하고서 직격탄을 맞았다. 예정된 모든 프로젝트가 취소되었다. 잠정 연기가 아니라 취소였다. 고객이 사라진 것이다. 한 달을 벌어서 한 달을 사는 취약한 재정 구조를 가진 프리랜서에게, 더욱이 사교육비와 주거비로 상당한 지출을 감당하고 있던 나에게는 크나큰 시련이 아닐 수 없었다.

이런 상황과 처지를 알기 때문에, 가끔 만나는 지인들은 대놓고 묻지는 않았지만 예전과는 좀 다른 염려하는 표정으로 어떻게 지내냐고 안부를 물었다. 희한하게도 나의 대답은 "더할 나위 없이 좋아요."였다. 변화된 일상, 거기에 적응하며 스스로 하는 성찰, 그럼에도 긍정적인 결론 등 그때의 생각들을 나누었다. 물론 대출이 늘었다.

일이 줄어들고서 오히려 역설적으로 닥치는 대로 일하지는 말자고 생각하게 되었다. 화가는 돈을 벌기 위해서 그림을 그리지 않는다. 계속해서 그림을 그릴 수 있을 만큼의 수입이 있기를 바랄 뿐이다. 재미있게 본 영화 〈베테랑〉에서 황정민이 연기한 서도철 형사는 돈을 위해 부정을 저지르는 동료에게 "우리가 돈이 없지, 가오가 없냐?"라는 기막힌 대사를 날렸다. 그는 돈을 벌기 위해서 형사가 된 것이 아니었다. 그의 인생이 추구하는 가치가 그로 형사의 일을 선택하게 하였고, 그는 어려움이 많지만 극복하면서 정진해 나갔다.

일이 많던 시절에는 한 달에 얼마를 벌 수 있는가에 경쟁하듯이 몰두한 적이 있었다. 비슷한 일을 하는 다른 사람들보다 적게 벌고 싶지는 않았다. 코로나는 경쟁적으로 일에 몰두하던 나에게서 일을 빼앗았고, 왜 일하는가에 대해서 질문할 기회를 만들어 주었다. 남들보다 더 벌고 싶은 욕망을 버리고, 자녀가 원하는 수준의 뒷바라지를 해주기는 힘들 것이라는 불안을 그대로 수용하면서, 용기를 내어 가치 있는 방향을 선택하고 전념할 수 있는 계기를 만들어 주었다.

바람과 해 비유의 진실

비유는, 생소하고 추상적이고 복잡해서 이해하기 어려운 개념이나 사물을 청중에게 이미 익숙한 다른 무엇과 비교하여 설명하므로 쉽게 이해하도록 돕는다. 그래서 프레젠테이션이나 연설을 시작할 때 주의가 산만한 청중의 관심을 사로잡기 위해서, 또 끝날 무렵 엉덩이가 들썩이는 청중에게 잔잔한 여운을 주기 위해서, 그리고 설명한 기술이나 개념의 의미와 그것들이 주는 이익을 인상 깊게 전달하기 위해 자주 활용된다.

이솝우화 중에서 해와 바람 이야기는 모르는 사람이 없을 만큼 널리 잘 알려져 있다. 자기가 더 힘이 세다고 서로 자랑을 하던 해와 바람이 그것을 증명하려고 마침 지나가던 나그네의 외투를 벗기는 시합을 하는 이야기다. 이 우화는 사람을 움직이는 영향력은 어디서 나오는지 설명하고 강조할 때 자주 사용된다.

이 이야기에서 해는 나그네가 외투를 스스로 벗도록 만들어서 바람과의 시합에서 이겼다. 바람처럼 힘으로 억지로 벗기려 하지 말고 해처럼 스스로 벗게 하라는 의도에서 이 이야기를 비유로 사용하는데, 나는 해의 작전이 과연 올바른지 의문이 든다. 나그네가 스스로 벗었다고는 하지만 해는 나그네를 불편하게 만들었다. 기꺼이 외투를 벗도록 한 것이 아니었다. 동기 부여 이론에서는 상대방이 어떤 행동을 취할 수밖에 없도록 몰아가는 환경을 만드는 것을 '조작'(manipulation)이라고 부르고 매우 조심해야 할 행동으로 여긴다.

그럼 어떻게 하란 말인가? 나는 애초에 누군가의 외투를 벗기려고 시도하는 것 자체에 질문을 던지고 싶다. 그것이 꼭 필요한가? 왜 우리는 혹은 당신은 누군가의 외투를 벗기려 하는가? 다시 말해, 왜 다른 이들의 행동에 영향을 미치려 하는가? 원하는 결과와 시도의 배경에는 진실로 누구의 이익이 자리 잡고 있는가?

사람이든 기업이든 자신의 이익을 우선시하는 건 본능에 가깝다. 그러니 자신의 이익을 얻기 위해서 누군가의 선택과 행동에 영향을 미치려 하는 것은 당연하며, 상대방의 이익만을 위해서 그리하지는 않는다. 범죄를 저지르거나 타인에게 의도적으로 큰 손해를 끼치려는 것이 아니라면 그런 시도가 무엇이 나쁜가. 그렇긴 하다. 인정한다. 다만 나는 서로 의도를 솔직하게 이야기하는 그런 방식이 좋다. 누군가가 나도 모르는 나의 이익을 위한다는 명분을 내세우며 나의 행동에 영향을 미치려고 뒤에 숨어서 온갖 지혜로운 전략을 구사하지 않았으면 좋겠다.

그래서 나는 어리석기는 하지만 대놓고 외투를 벗기려 들었던 바람이 차라리 마음에 든다. 동기 부여 혹은 리더십 혹은 마케팅 전략 등에서 부디 바람과 해 비유를 사용하지 않았으면 좋겠다.

나의 강점은 무엇일까?

재능은 주어진 것, 타고난 것이다. 특별히 노력하지 않았는데도 수월하게 잘하는 영역이 있으면 그 영역에 재능이 있다고 말한다. 강점은 재능을 훈련하여 뛰어난 수준으로 발달시킨 투자의 결과이다. 음악에 재능이 있는 사람이 계속 갈고 닦아서 뛰어난 음악가가 되었다면 음악은 그의 강점이 된다. 재능은 취미로 삼을 수준이고, 강점은 직업으로 삼을 수준이라고 말할 수 있다. 노래에 재능이 있다면, 그대로 두면 취미로 노래하는 수준으로 즐기는 것이고 훈련하여 발전시킨다면 가수로서 음악적 재능을 인생의 중요한 경력으로 활용하게 된다.

잠재력 높은 재능을 발굴하고 거기에 노력을 투자해야 높은 수익률을 안겨 주는 강점을 얻을 수 있다. 그렇다면 내가 어디에 재능이 있는지 어떻게 알 수 있을까? 우리가 흔하게 간과하는 재능의 원천은 우리 자신의 욕구다. 욕구는 우리가 어떤 재능을 타고났는지 알려 준다. 사람은 욕구가 채워질 때 행복하다. 욕구가 충족되지 않으면 영양실조에 걸린 사람처럼 제대로 발달하지 못하고 우울해진다. 재능을 강점으로 발전시키려면 반복적이며 부단한 노력이 필요한데, 욕구를 충족하기 위해 수행하는 행동은 반복에서 오는 고통과 괴로움의 방해를 이겨 낼 가능성이 상대적으로 높기 때문이다. 무엇을 하고 싶어서 그 무엇을 할 때 즐거움과 유능감을 경험한다면, 그 무엇은 강점 후보군이라고 볼 수 있다. 사람들과 어울리고 대화하면 에너지가 방전되는 사람이 있는가 하면, 반대로 대화가 즐겁고 에너지가 충전되는 사람이 있다. 그는 의사소통에 재능이 있다고 볼 수 있고 그것을 더욱 단련하면 소통 전문가가 될 수 있다.

강점 기반의 삶과 경영이 성공할 가능성이 높은 이유가 여기에 있다. 강점은 강렬한 욕구를 느끼는 영역이므로 그 분야와 관련된 행동을 자주 선택하고 몰입할 가능성, 더 잘하고 싶어서 발전시킬 가능성이 높다. 그런 분야에서 활동하는 동안은 고갈이 아니라 충전을 경험하게 된다. 오랜 시간의 강도 높은 훈련도 견디어 낸다. 수학에 재능이 있어 수학 시험은 늘 백 점을 맞는 A와 수학을 웬만큼은 하지만 점수가 잘 나오지 않아서 수학을 열심히 공부하는 B가 있다고 하자. 실제로 수학 공부에 누가 더 많은 시간을 사용할까? A이다. 좋아서 몰입하는 사람의 훈련 시간을 열심히 하는 사람이 따라가지 못한다.

그러므로 자신이 무엇에 끌리는지 잘 살펴볼 필요가 있다. 자신의 욕구는 강점 후보이다. 기왕이면 잘하고 싶은 마음과 자신감에 길을 터 주어 훈련하고 단련하여 강점으로 발전시킬 일이다. 끌리기에 자주 선택하는 행동은 강점이 된다. 그리고 자신의 강점이 무엇인지를 알았다면, 매일 그 강점을 사용할 수 있는 환경을 만들어야 한다. 강점을 사용할 때 우리의 욕구가 채워지기 때문이다. 강점은 사용하지 않으면서 부족한 점을 보완하려고 애쓴다면, 우리의 의지는 고갈되고 힘이 없어지고 인생이 재미가 없어지게 된다.

논리력을 키우는 손쉬운 습관

세상살이를 도와주는 유용한 이론은, 어떤 영역을 구성하고 있는 핵심 요소들은 무엇이며 그 요소들 간에 어떤 인과관계가 있는지에 관한 설명이다. 예를 들어, 경제 영역에서는 '수요와 공급 이론'이 있다. 공급이 늘어나면 가격이 하락하고 가격이 하락하면 수요가 증가하여 수요와 공급의 균형을 이루고, 반대로 공급이 부족하면 가격이 상승하고 가격이 상승하면 수요가 감소하는 원리를 설명한다. 이러한 구성 요소 간의 관계성에 대한 이론에 근거하여 우리는 현상을 분석하고, 다음을 예상하고, 원하는 상태를 만들기 위해 어떻게 행동할지를 결정하고, 누군가와 소통하며 협상한다.

우리가 흔히 사용하는 '논리'는 구성 요소들과 그것의 관계성을 따져 보는 접근의 개념을 말한다. 성숙한 사회일수록 다수의 구성원이 논리적으로 생각하고, 행동하고, 결정하는 특징을 지니고 있다고 알려져 있다. 이들은 보편적으로 수용되는 논리를 사용하여 일상적인 의사 결정을 하고, 문제가 발생하면 논리적 접근을 통해 적절하게 대처한다. 기준이 명료하고 언어가 같아서 소통이 상대적으로 수월하고 갈등을 건강하게 해결한다.

반면 비논리적인 사람이나 사회는 특수한 상황과 지극히 개인적인 수준에서 작용하는 논거와 이익에 따라 의사 결정을 하고 행동하는 경향을 보인다. 의사 결정에 대한 근거의 객관성과 합리성을 확보할 수 없으므로 건강한 토론과 합의 도출이 어렵다. 쉽게 해결할 수 있는 문제도 큰 갈등으로 확산하고, 결국은 엄청난 자원 낭비로 이어진다.

논리적으로 생각하고 행동하고 소통하는 것은 일종의 기술(skill)이어서 논리에 대한 지식을 쌓는 것만으로는 부족하다. 골프에 대한 지식이 많아도 몸에 익도록 연습하지 않는다면 결코 골프를 잘 칠 수는 없는 것과 같다. 일상생활과 직장 그리고 사업에서 연습하고 적용할 수 있는 논리력 기술을 향상하는 쉬운 습관 두 가지는 다음과 같다.

첫째는 '분류하기'다. 논리력이라는 근육을 키우는 첫 연습은 복잡하고 난해해 보이는 현상이 무엇으로 구성되어 있는가를 분류해 사고하는 습관을 갖는 것이다. 이해하고자 하는 대상이 복잡한 구성요소를 지니고 있다면, 대상을 몇 개의 부분 집합으로 구분해 보면 좀 더 쉽게 파악할 수 있다. 모든 학문의 기본은 연구 대상이 되는 세계에 속한 것들을 구별하여 확인하고, 이름을 붙이고 분류하는 것으로 시작한다.

둘째는 '검증하기'이다. 자기의 의사 결정 근거가 되는 믿음이 올바른 것인지를 따져 보는 습관을 갖는 것이다. 우리가 지지하는 논리는 일종의 믿음이라고도 말할 수 있다. '지금보다 더 좋은 양질의 재료를 사용하여 품질을 향상하면, 고객의 만족을 높이고 재구매율이 증가하기 때문에 매출과 이익률 모두 향상시킬 수 있다'라는 명제는 표면적으로는 논리지만 일종의 믿음이라고 할 수 있다. 왜냐하면 정말 그러한 결과를 만들어 낼 지를 100퍼센트 확신할 수는 없기 때문이다. 원인과 결과로 이어지는 인과관계적 표현일 뿐이지 증명되지 않았다. 우리는 이러한 믿음에 근거하여 의사 결정을 할 때가 많다. 그러므로 자기의 믿음을 논리라고 주장하기보다는 과연 그러한지 검증하려 노력해야 한다.

검증하는 습관을 형성하기 위해서는 자신의 논리를 '가설(믿음)'이라고 여기는 것이 좋다. 자기가 확신하는 수준으로 알고 있는 지식을 진실이 아니라 가설이라고 여기면 '그것이 과연 그러한지 알아보자' 하는 자세를 가지게 된다. 그러면 지나치게 강하게 주장하는 어리석음도 피할 수 있다.

인지 유연성

자기 생각이 틀렸을 때 기뻐하는 사람

인간을 다른 동물과 구별하는 가장 중요한 특징은 탁월한 인지 능력이다. 인지(cognition)는 우리의 생각하는 능력이며 결과이다. 우리가 친구에게 "잘 생각해서 결정해"라고 할 때의 '생각'은 우리의 인지를 말한다. 인지하는 능력 덕분에 우리는 자기 자신에 대해서 객관적으로 알 수 있고, 세상에 대해서 지식을 얻고 축적하고, 무엇을 창조한다. 인지는 무엇을 인식하고, 주의를 기울이고 이해하고 학습하고 기억하여, 필요할 때 그 정보를 다시 활용하고, 언어를 사용하여 생각하고, 생각의 결과로 감정을 경험하고, 대상을 분석하고, 추론하고 문제를 해결하는, 복잡하고 탁월한 지적인 정신 작용이다. 바로 생각하는 힘이다.

인지는 감정과 긴밀하게 연결되어 있지만 특성은 각각 다르다. 감정은 자극에 대한 평가와 반응이기 때문에 매 순간 발생하고 사라지는 역동성과 휘발성이 있다. 반면에 인지는 생각하는 작용이면서 동시에 생각의 결과로 지식을 축적하고 활용하기에 상대적으로 안정성과 지속성을 가진다.

인지는 어떤 대상과 소통하고 추론하고 문제를 해결하는 지적인 정신 기능으로서 인간이 환경에 적응하고 삶을 창조하는 핵심적인 능력이다. 감정과 마찬가지로 인지 능력에 손상을 입는다면 변화에 대응하고 도전적인 문제를 해결하는 능력은 말할 것도 없고 의사소통과 소소한 의사 결정 등의 일상생활 역시 큰 타격을 받는다.

가속화되는 기술과 일상생활의 변화와 복잡성은, 살아오면서 자연스레 형성되어 당연한 것으로 여기고 있는 우리의 신념 체계를 뒤흔들고 재구성할 것을 요구한다. 무엇이 중요한가에 대한 관점이 달라지고 다양해지는 것은 오히려 가벼운 변화이다. 무엇이 무엇인가에 대한 정의 자체가 달라지고 있으며 다양해졌다. 세대 간의 가치관 차이에서 파생되는 갈등은 직장과 일상생활에서 매일 경험하고 있기에 당연한 것으로 받아들일 정도가 되었다. 어지러울 정도로 빠른 기술의 발전은 기존의 지식과 작업 방식을 비효율적이고 심지어는 무용한 것으로 만들고 있기에, 재빠르게 그리고 꾸준히 새로운 지식과 방식을 배우고 수용하고, 기술을 익히고, 적응할 것을 요구한다. 이러한 도전들은 우리가 알고 있는 기존의 지식과 신념 체계로

부터 자유로워져야 한다고 재촉한다.

인지는 앎이고, 앎을 토대로 문제를 해결하는 능력이므로, 기본적으로 안정성과 지속성을 가지고 있다. 세상을 바라보고 이해하고 문제를 해결하는 기본 틀이 되므로, 탄탄하게 구성되고 검증된 틀은 상당한 역동성을 발휘한다. 국가의 외교 정책이나 경제 정책 등 거시적 전략의 수립과 실천을 가능하게 하고 개인의 인간관계나 진로 선택 등 일상의 선택과 문제 해결 영역에서도 그러하다.

반면에 오랫동안 구축되어 안정화된 틀을 재구성하는 일은 어렵기 마련이다. 인지 유연성은 자신의 앎을 뒤흔들고 앎에 대해서 다시 생각하는 태도이자 능력이다. 우리는 자신의 앎으로 세상을 바라보지만, 동시에 자기의 앎을 타자의 시선으로 바라보고 비판할 수 있는 능력(메타 인지) 또한 가지고 있다. 인지 유연성이 높은 사람은 자신의 지식에 붙들려 있지 않고 빠르게 새로운 앎을 학습하고 재구성하고 전환한다.

새로운 역사 즉 새로운 이야기를 창조한 인물들은 한결같이 인지 유연성이 뛰어났다. 그들은 자신의 어리석음, 한계, 편협함을 알고 있기에, 자기가 아는 것이 옳은 것이라고 주장하지 않았고 그것으로 세상을 판단하려 하지 않았다. 그것에 붙들려 자기 앎의 좁은 세상에서 살려고 고집하지 않았다. 애덤 그랜트(Adam Grant)는《싱크 어게인》에서, 심리학자로서 노벨 경제학상을 수상한 대니얼 카너먼(Danial Kahneman)을 '자기의 생각이 틀렸다는 것을 알게 될 때 기뻐하는 사람'으로 소개한다. 이와 반대로 우리가 꼰대라고 부르는 사람의 특성은 자기의 앎으로 타인을 평가하고 비판하고 자기의 기준을 타인이 수용하도록 요구하는 것이다. 인지적으로 매우 경직된 특성을 보인다.

비판 수용성 높이기

다른 사람에게 조언하는 행동이 꽤 위험하다는 것을 우리는 잘 알고 있다. 그럼에도 조언은 먹기 싫지만 먹으면 도움이 되는 약처럼 상당히 쓸모가 있어서 자칫 탈선할 수 있는 우리를 지켜 준다. 어떤 분야든 고수에게서 듣는 한두 마디의 간단한 조언은 수년의 시행착오를 통해서 얻을 수 있는 성과를 뛰어넘는 결과를 얻게도 한다. 피드백을 주는 요령은 관리자가 갖추어야 하는 핵심 스킬 중의 하나이고 성과 개발을 위한 리더십 교육에서 빠지지 않고 다루어지는 주제이기도 하다.

이 점이 신기하다. 조언은 조언을 받는 사람에게 큰 이익이 되지만 조언을 해주는 사람에게는 이익이 그다지 크지 않다. 오히려 자신이 비싼 값을 주고 어렵게 습득한 노하우를 무료로 알려 주는 재능 나눔이자 약간 과장하면 잠재적 경쟁자를 키우는 어리석은 일일 수도 있다. 그리고 보면 수혜자 입장에서 조언을 요청하는 방법 내지는 조언을 활용하는 법 등이 더 인기 있어야 할 것 같은데 실상은 그 반대이다. 서점에 가 보면 조언에 관해서는 성공적으로 피드백을 제공하는 방법을 다루는 책이 대부분이다.

우리 대다수는 타인의 조언을 비판으로 여기고 불편함을 느낀다. 앞에서 주행하는 차가 비틀거리고 차선을 침범하는 것을 보고 졸음운전을 하는 것은 아닌지 염려되어 클랙슨을 눌렀는데, 고맙다는 신호를 보내기는커녕 급브레이크를 밟거나 옆으로 와서 위해를 가한 운전자의 이야기를 뉴스에서 보았다. 극단적인 예시이긴 하지만, 이처럼 조언은 불편하고 감정을 불러일으킨다.

그런데 그러지 않은 사람들도 있다. 수용성이 높은 사람들은 타인의 비판이나 조언을 주관적으로 해석하거나 받아들이지 않고 상황을 개선하거나 더 좋게 할 수 있는 정보로 활용한다. 자신이 하는 일에서 탁월성을 추구하는 사람들이 대체로 비판 수용성이 높다. 맡은 일에 대한 책임감이 높은 사람들 역시 그러하다.

만일 누군가로부터 조언을 받았다면, 대단히 귀한 선물이라고 생각하라. 조언을 해준 사람은 불쑥 생각나는 대로 자기 똑똑함을 자랑하려고 조언하지는 않았을 것이다. 그들의 8할 이상은 상당히 주의해서 혹시라도 자신이 꼰대처럼 보이지는 않을까 또 상대에게 무례하게 보이지는 않을까 염려하면서 그 염려를 이기고 선의로 조언을 한 것이라고 믿어도 좋다.

조언을 잘 받는 방법 가운데 가장 기본이 되는 것은, 그것을 비난으로 받지 않는 태도이다. 그러기 위해서는 자존감을 좀 더 키워야 한다. 싫은 소리를 들을 수 있을 만큼 맷집을 키워야 한다. 맷집이 약한 사람이 보이는 행동은 두 가지 극단적인 형태로 드러난다. 하나는 조언을 거절하는 것이다. 기분 나빠하며 받아칠 수도 있고, 웃으며 받지만 속으로 '너나 잘하세요'라고 말할 수 있다. 다른 하나는 조언을 지나치게 크게 받아들여서 지금까지 자신이 해 온 업적을 부정하고 크게 낙심하는 모습을 보이는 경우이다.

조언의 내용을 보면 대개 무엇을 개선하면 어떻게 좋아질 것인지에 대한 의견이다. 그러므로 그 조언을 잘 이해하고 수용하여 현재의 작업물을 더 좋게 개선하기만 하면 된다. 그런데 그게 잘 안 된다. 조언을 조언이 아니라 자신을 향한 공격으로 여겨 마음에 상처를 입었기 때문에 자신과 자기의 작업물이 거부되었다고 확대 해석하여 받아들인다.

조언을 잘 받는 가장 좋은 방법은 조언을 구하는 것이다. 적극적으로 조언을 구해 보라. 만일 조언을 받게 된다면 그것은 정말 값지고 성의 있는 선물을 받은 것이다.

인지 유연성이 차이를 만든다

인지 유연성이 높은 사람의 특성은 태도와 능력 측면으로 구분해 볼 수 있다.

태도의 측면에서 보자면, 이들은 위기에 직면했을 때 또는 변화를 요구받을 때, 위축되거나 거부하지 않고 대응할 수 있다는 자기 효능감 즉 자신감을 유지한다. 자기 의견이나 지식이 틀릴 수 있다고 생각하고 있고, 그래서 만일 자기의 앎에 오류가 있음을 알게 된다면 자존심에 상처받거나 분노하기보다는 오히려 새로운 앎을 얻었으므로 진심으로 환영하고 기뻐하는 태도를 보인다.

"태도가 모든 것이다"라는 격언은 시사하는 바가 크다. 우리가 삶을 대하는 방식 즉 태도의 근저에는 자신과 세상에 대한 암묵적 이론이 자리 잡고 있다. 암묵적이라 부르는 이유는 명확하게 설명해 본 적이 없기 때문이며, 그런데도 이론이라고 하는 이유는 꽤 정교하기 때문이다. 예를 들면, 경진대회 방식의 예능 프로그램에서 무명의 가수들이 노래 실력을 겨룰 때, 우리의 누구라도 명시적인 심사 기준을 가지고 있지는 않지만 어떤 참가자가 노래를 더 잘하는지 평가하고 심지어 점수를 줄 수도 있다.

우리는 자기 자신의 지능에 대해서도 각자의 암묵적 이론을 가지고 있다. 사회심리학과 발달심리학의 세계적인 석학인 스탠퍼드 대학교 교수 캐롤 드웩(Carol Dweck)은 그것을 '마인드셋'이라고 명명하고 '고정 마인드셋'(fixed mindset)과 '성장 마인드셋'(growth mindset)으로 구분하였다. 고정 마인드셋을 가지고 있는 사람은 지능은 태어날 때부터 정해진 것이기에 변하지 않는다고 믿는다. 반면에 성장 마인드셋을 가진 사람은 타고난 지능도 얼마든지 달라질 수 있다는 믿음을 가진다.

인지적으로 유연한 사람들은 사람의 인지 능력이 태어날 때부터 일정하게 정해져 있다고 믿는 고정 마인드셋이 아니라, 누구든지 노력 여하에 따라서 성장하고 더 많이 개발된다는 성장 마인드셋을 가지고 있다. 능력의 측면에서 보자면, 인지 유연성이란 원하는 목표를 달성하기 위하여 자기 생각과 전략을 빠르게 전환하는 민첩성이다. 인지 유연성이 높은 이들은 새로운 상황을 만나거나 기존의 상황이 변화할 때 자기의 관점이나 행동 또는 행동의 방향을 바꾸는 뛰어난 학습 능력과 적응력을 발휘한다. 기존의 앎에 붙들려 있지 않기 때문에 새롭게 만나는 대상이나 경험하는 자극에 다양한 의미를 부여한다. 학습은 새로운 의미를 발견하는 과정이다.

인지 유연성이 낮은 사람들은 세상과 대상에 대해 일반화되고 편협한 관점을 가지고 있고 그것을 고집한다. 편견이 심하다는 것은 인지 유연성이 낮다는 것과 비슷하다. 그래서 편견이 심한 사람들이 대화할 때면 서로의 말을 듣지 않고 각자 자기의 이야기를 반복하는 것을 볼 수 있다.

학습은 대상에 새로운 의미를 부여하거나 발견하는 것일 뿐만 아니라, 대상 간의 새로운 조합과 연결을 창조하는 작업이다. 인간 두뇌의 뇌신경 세포들이 무한대의 범위로 관계망을 확장해 갈 수 있는 것과 유사하다. 유연한 사람은 새로운 관계와 조합을 설정하여 자기 추론의 한계를 확장하고 창조적인 전략을 수립한다. 반면에 인지 유연성이 낮은 사람은 추론하는 관계 규칙이 협소하여 쉽게 판단을 내리고 결론을 짓고 비판하므로 창조적인 접근과 전략 수립이 쉽지 않다.

조직의 관점에서는 인지 유연성을, 구성원의 다양성 수준과 다양성을 존중하고 연결을 촉진하는 문화와 실천으로 바라볼 수 있다. 조직은 조직이 만들어진 이유이자 목적인 미션과 비전을 가진다. 그리고 그것을 달성할 수 있는 능력이 요구된다. 능력이 부족하다면 실패할 수밖에 없다. 조직에서 요구되는 능력은 개인의 능력보다 훨씬 복잡하다. 왜냐하면 해결해야 하는 문제의 수준이 비교할 수 없을 정도로 복잡하고 거대하기 때문이다. 환경보호기구는 탄소 배출을 줄이기 위해, 국가의 정보기관은 국민의 안녕을 지키기 위해, 기업은 글로벌 시장에서 경쟁하기 위해 등등 해결하기 힘든 난제와 씨름한다.

조직의 경우에는 다양성 수준이 조직의 능력 수준에 결정적인 영향을 미친다. 유사한 경험, 가치관, 지식, 언어를 사용하는 사람들이 모여 있다면, 구성원들이 개별적으로 모두 뛰어난 인재들이라고 하더라도 조직은 무능한 수준에 머무를 것이다. 왜냐하면 미션을 달성하기 위해 요구받는 역량의 일부분만을 가지고 있기 때문이다. 매슈 사이드(Matthew Syed)는 그의 저서 《다이버시티 파워-다양성은 어떻게 능력주의를 뛰어넘는가》에서 CIA가 9·11테러를 예측하는 데 실패한 원인을 분석하면서, 가장 핵심적인 원인으로 CIA가 아이비리그 엘리트 출신의 백인 남성 중심으로 구성된 동질 그룹이라는 점을 매우 설득력 있게 그리고 뼈아프게 지적하였다. CIA 구성원 한 명한 명은 개인적으로 매우 뛰어난 능력의 소유자일지라도 동일한 세계관과 언어를 사용하는 그들 전체로서의 CIA는 그들이 수행하는 미션의 일부분에 치중된 능력만을 보유한 무능한 집단이었다.

성찰과 리더십

▲

리더는 슈퍼맨이 아니라 '푸어가'이다

나는 드라마 작가들을 존경한다. 영화는 영화대로 멋진 매력이 많지만 아무래도 두 시간 정도의 한정된 시간 속에서 스토리를 전개해야 하니 자연스러운 흐름보다는 충격적이고 자극적인 장면 중심으로 장면이 빠르게 전개된다. 반면에 드라마는, 연속극이라면 수십 회를 넘기는 긴 시간으로 편성되기 때문에 상당히 현실적인 수준으로 일상의 모습을 담아낸다. 드라마 작가들을 존경하는 이유가 여기에 있다. 사람들의 삶과 그 안에서 벌어지는 희로애락에 관한 관찰력과 관찰한 것을 흥미롭게 재구성하는 작가들의 상상력은 정말 세밀하면서도 통찰적이고 창의적이다.

작가들의 대본을 보고 그 캐릭터를 해석하고 연기하는 배우들 덕분에 드라마는 또 하나의 현실로 살아나고, 시청자들은 드라마를 통해 자기 삶의 일부를 본다. 자연스레 자신의 삶을 타자화하여 바라보는 메타 인지적 관점을 얻게 되고, 그를 통해 자신을 돌아보는 자기 위로와 성찰의 기회도 종종 마주하게 된다. 웃음을 터뜨리기도 하고 울기도 하는 감동의 순간들이다.

제주도를 배경으로 펼쳐지는 〈우리들의 블루스〉를 매우 재미있게 보았다. 주요 인물들의 성격과 사연이 매우 흥미롭게 설정된 드라마인데, 인물 중에는 배우 차승원 씨가 연기하는 최한수는 은행의 지점장이다. 그의 상황을 간단히 말하면, 기러기 아빠이다. 딸이 프로골퍼가 되고자 미국으로 유학을 갔고 아이의 매니저 역할을 하기 위해서 엄마도 함께 갔다. 은행 지점장 연봉이 적어도 억대일 텐데도 골프 유학을 감당하기는 어려워 보였다. 지점장은 그 짐을 짊어지느라 정말 안타깝게 사실상 비굴한 모습으로 하루하루를 산다. 그래도 딸아이가 돈이 없어서 골프를 포기하겠다고 말할 때 "누가 널 더러 돈 걱정을 하랬니? 돈은 아빠가 책임지는 거야. 너는 골프만 열심히 해!" 하고 혼을 내듯 자신만만하게 말한다.

세상이 하도 빠르게 변하다 보니, 조직의 관리 방법도 변하고, 리더십의 강조점도 달라졌다. 그중의 하나가 상향식 목표 설정이다. 실패해도 괜찮다는 안전감을 조성하는 데에도 신경을 쓴다. 취약성(vulnerability)은 최근에 꽤 많이 강조되고 있다. 과거의 리더 상과는 많이 다른 교훈이다. 과거에는 리더가 약점을 노출하는 것은 감상적

성찰과 리더십

이고 어리석은 행동으로 여겨졌다. 그러나 지금은 리더가 자신의 취약함을 솔직하게 공개하고 도움을 청하는 자세를 리더의 용기라는 관점에서 강조한다.

극 중에서 최한수가 자녀 뒷바라지를 힘들어하며 흔들리는 모습을 보면서, 여전히 자신은 문제가 없다고 자녀에게 큰소리를 치는 가장의 모습을 보면서, 안쓰러움과 안타까움이 동시에 들었다. 큰 책임감을 짊어지고 어려운 문제를 혼자서 묵묵히 감당하려는 자세는 이제는 환영받지 못하고 효과적으로 생각되지도 않는다. 그런 시대가 되었다. 솔직하게 드러내고 공유해야 한다. 그러면 다들 각자 "저는 이렇게 거들게요" "그럼 저는 저렇게 힘을 보태겠습니다" 하면서 더 자발적으로 함께하는 분위기가 조성된다. 그것 자체가 큰 위로가 된다.

친구 중에 아내가 남편을 '푸어가이'라고 부르는 가정이 있다. 아마도 남편은 자신이 얼마나 힘들게 고생하는지를 집에 와서 숨김없이 다 이야기하는 것 같다. 또 아내가 보기에도 남편이 가족을 위해서 애쓰는 것이 엄살로만은 보이지 않나 보다. 그래서 남편을 '푸어가이'라는 애칭으로 부르는 것이리라. 남편은 자신의 취약성을 그대로 드러내고 있고, 가족은 그것을 공감하며 위로하며 함께 노력하는 것으로 보였다. 매우 성숙하고 지혜로운 가정이 아닌가 생각한다. 요즘은 혼자서 지구를 구하는 슈퍼맨이 아니라 '우리가 이루었다'라고 말하게 하는 '푸어가이'가 대세이다.

팔로어십

리더가 팔로어의 성공을 돕는 것처럼 팔로어는 리더의 성공을 돕는다. 팔로어십은 리더가 영향력을 잘 발휘할 수 있도록 지원하려는 동기와 능력이다. 리더를 지원하기 위해서 팔로어가 해야 하는 행동 중 대표적인 것은, 자신에게 맡겨진 목표를 달성하기 위해서 애쓰는 중에 부딪히는 어려움을 리더에게 소상히 보고하고 도움을 청하는 일이다. 얼핏 보면 어려움을 호소하고 불평하라는 것으로 읽힐 수도 있는데 그렇지 않다. 리더가 하는 일은 일이 되도록 영향력을 발휘하는 것이다. 다른 말로 하면 일하는 사람들을 도와주는 것이다. 잘 도우려면 사람들이 어떤 도움을 필요로 하는지 알아야 하는데, 그것을 알기는 여러 가지 이유로 제법 어렵다. 그래서 무엇이 필요한지를 말해 주면 리더는 훨씬 더 효과적으로 영향력을 발휘할 수 있게 된다.

그런데 사실 팔로어가 '리더에게 도움을 청하는 것이 바로 리더를 돕는 행동이다'라는 말은 중요한 전제를 가지고 있다. 팔로어가 자신이 하는 일에 대한 완전한 책임감을 가지고 있어야 한다는 전제이다. 자기의 일이라고 생각하기 때문에 도와 달라고 도움을 청한다. 자기의 일이자 책임이라는 생각이 없다면 일하다가 막힌 그 지점에서 멈추고 기다린다.

팀 회의는 일이 되도록 영향력을 발휘하는 리더와 맡은 일을 완료하기 위해 자신에게 필요한 도움이 무엇인지를 적극적으로 소통하는 팔로어가 만나서 대화하는 시간이다. 월요일 오전에 주간 회의를 하는 회사가 많을 텐데, 그 회의마다 팔로어들이 얼마나 적극적으로 필요한 도움을 의제로 꺼내어 놓았을지 그리고 리더는 그 사안들을 함께 풀어 가기 위해서 얼마나 적극적으로 경청하고 머리를 마주하고 의논하며 필요한 결정을 하였을지 궁금하다.

지시형 스타일은 억울하다

일반적으로 지시받는 것을 사람들은 좋아하지 않는다. 그래서 '지시형 스타일은 바람직하지 않은 리더십 유형이지 않을까?' 하는 평판을 받는다. 지시형 스타일을 '보스'라고 칭하고는 보스와 리더의 차이라면서 둘을 극단에 놓고 비교하는 그림은 SNS에서 흔히 접할 수 있다.

그러나 사실 알고 보면 가장 친절한 리더십은 바로 지시형 스타일이다. 이 관점에서 보면 위임형 스타일이 가장 불친절한 리더십일지도 모른다. 지시가 필요한 상황에서 지시하는 사람이 있다면, 그런 일을 경험해 보았다면 그 사람이 얼마나 고마운지 알게 된다. 예를 들어 당신이 시스템 에러를 해결하기 위해서 전전긍긍하지만 관련 장비에 대해 아는 바가 없다면, 무엇을 조작하고 수정해야 하는지 방법을 제대로 알려 주는 사람이 최고로 친절한 사람이 된다. 거기에서는 "당신은 할 수 있어요, 나는 당신을 믿어요"라고 격려하는 사람은 놀리는 사람과 다르지 않다.

언젠가 전철 온수역에서 어떤 시각장애인이 큰 소리로 ○번 출구가 어디냐며 도움을 청한 적이 있다. 급히 어디를 가야만 했던 것 같다. 나는 그를 도우려고 "여기로 오세요. ○번 출구는 이쪽입니다" 하고 큰 소리로 그를 불렀다. 하지만 그는 나에게로 오지는 않고 계속 ○번 출구가 어디냐면서 다급하게 소리칠 뿐이었다. 가서 접촉하는 건 그에게 실례라고 생각해서 계속 손을 흔들며 큰 소리로 말했다. 신호를 주려고 박수를 치기도 했다. 그러나 그는 나의 도움에는 반응하지 않고 계속 소리를 지를 뿐이었다. 짜증이 올라와서 그냥 가려던 순간, 어떤 나이 지긋한 어르신이 그에게 다가가 "○번 출구? 어디 가려고?"라고 말하면서 자기의 팔을 잡게 하고는 천천히 그를 이끌어 함께 걸어갔다.

그 순간을 떠올리면 참으로 부끄럽다. 이럴 때 나의 급한 성미가 원망스럽다. 나에게는 너무 당연하고 쉬운 것이기에 앞을 못 보는 분의 어려움이 얼마나 큰지를 몰랐고, 나의 배려는 그에게 도움이 되지 않았다. 이렇게 지시가 더 큰 친절이 되는 경우가 있는데, 일도 그럴 때가 많다. 나에게 쉽더라도 처음으로 담당하는 사람에게는 벽처럼 느껴질 수 있다. 그럴 때 누군가가 명확한 지시를 준다면 얼마나 고마운지 모른다. 그래서 지시형 리더는 참 친절한 사람이다.

다만 지시가 필요 없는 상황인데 자꾸 지시하려고 할 때는 지시형 리더가 문제가 된다. 지시가 필요 없는데도 그걸 파악하지 못하고 지시를 내리는, 그것도 엉뚱한 지시를 내리는 것은 친절이 아니다.

구원받고 구원하며 산다

우리의 몸에는 급소가 있는데, 한 대 맞기라도 하면 얼마간 정신을 못 차릴 정도로 아프다. 마음에도 급소가 있다. 상대방이 별다른 의도 없이 던진 말 한마디 또는 행동에 평소와 다르게 발끈하거나 심지어는 불같이 화를 낸 경험은 모두가 있을 것이다. 그 말과 행동이 마음의 급소를 건드려서 그렇다. 마음의 급소는 어디에 숨겨져 있는지 본인도 알기 어렵고 심지어는 위치가 바뀌기도 한다. 살다 보면 신체의 급소를 공격당하는 일은 좀처럼 없지만, 마음은 그렇지 않다. 눈에 보이지도 않고 어디인지도 모르다 보니 종종 마음의 급소를 얻어맞는다. 여러모로 신체의 급소보다 마음의 급소가 더 치명적이다.

어제도 그랬다. 내가 무엇을 권했을 때 상대방은 별생각 없이 짜증을 내며 움직였다. 그는 자기의 욕구와 생각과 감정을 표현했을 뿐인데, 나는 복부에 결정타를 맞고 고꾸라지는 복서처럼 평정심을 잃고 자동적 반응으로 화를 내며 마음에 상처를 주는 둔탁한 말들로 상대를 공격했다. 안전하고 평안했던 분위기가 파괴되고 마음의 촉촉한 물기는 분노의 열기에 순식간에 말라 사막이 되어 버렸다.

말라 버린 마음에 금방 물기가 차오르는 사람도 있겠지만 나는 그것이 어렵다. 감정의 유연성이 정말 떨어지는 사람이어서 감정의 전환이 잘 안 된다. 이럴 때 필요한 것은 얼마간 숨어 있을 동굴인데, 불행히도 늦은 저녁에 학습 모임 사람들과 줌 미팅이 약속되어 있기

마음의 레버리지

에 그러지도 못하고 애써 표정과 목소리를 관리하며 모임에 참여하였다. 친절하고 진솔하고 지혜로운 그들과 대화는 말라 갈라진 나의 마음에 천천히 물기를 공급하였다. 그들은 자신들도 모르는 중에 누군가를 구원한 것이다.

경제적으로 또는 관계적으로 또는 심리적으로 파산하여 더 버티지 못하고 자포자기하는 절박한 사람에게는 실제적인 해결책이 필요하지, 친절하고 관심 어린 격려의 말 한마디가 얼마나 도움이 될까 생각하였다. 나는 대책 없는 격려자보다는 냉정한 해결사를 더 높이 평가하고 추구하는 그런 사람인지라 그저 대안 없는 관심과 위로하는 대화의 진정한 가치를 알지 못했던 것은 아닐까 싶다.

말라서 죽어 가는 마음에 비를 내리는 것은 친절한 말 한마디로도 가능하다. 해갈할 정도의 넉넉한 단비는 못 되어도 기력을 되찾도록 입술을 축여 주는 한 모금의 물은 될 수 있다. 생명은 마음에 있다. 우리는 언어로 날마다 구원받고, 누군가를 구원하며 산다.

다른 사람에게 일을 시키는 요령

우리는 이런저런 모양으로 다른 누군가가 열심히 일을 하도록 동기를 부여하고 감독하는 책임을 질 수 있다. 직장에서는 관리자 또는 선배이기 때문에 그럴 수 있겠고, 가정에서는 부모이기에 자녀들에게 이제 게임은 그만하고 공부하라고 잔소리해야 할 수도 있다.

그리고 아마도 이 과정에서 반복적으로 스트레스를 받고 있을지도 모른다.

리더십 교육을 하면서 자주 듣는 이야기 중 하나는 요즘에는 팀장 되기를 싫어한다는 것이다. 이유인즉 팀장이 되면 성과를 관리하기 위해서 팀원들에게 과업을 지시하고 필요할 때 피드백도 해야 하고 결과에 대해서 평가도 해야 하는데, 사실상 다른 사람의 업무에 참견하는 것 같고 반복적인 잔소리를 해야 하는 것 같아서 굳이 그러고 싶지 않은 것이다. 사람들은 점점 더 자기의 의견을 중요하게 여기고 다른 사람의 간섭을 싫어한다.

처음으로 매니저가 된 사람은 책임감과 의욕이 넘치고 팀원에게 모범이 되고 싶은 마음도 있어서 본인이 과업을 직접 수행하려고 하는 경향이 있다. 좋은 의도에서 그렇게 하는 것이지만, 이제는 혼자서만 잘한다고 해서 되는 것은 아니다. 또 매니저의 역할은 팀원이 일을 하는 과정에서 성공을 경험하고 성장하도록 돕는 것이라는 점을 기억해야 한다. 모두가 협력해서 시너지를 낼 수 있도록 조율하고 촉진하는데 시간과 에너지를 사용하는 방향으로 역할을 전환할 필요가 있다.

또 하나 주의해야 할 것이 있는데, 오랫동안 매니저로서 팀과 조직을 관리한 사람은 세부 사항에 관해서는 깊이 생각해 보지 않고 일을 던지는 경향이 있다는 것이다. "ABC를 검토해서 내일까지 보고해 주세요" 같은 식이다. 드라마에서 나오는 명석한 두뇌와 충성심을 지닌 수행비서 수준의 팀원이 아닌 이상 대부분 이런 방식의 업무 지시는 큰 스트레스를 가져오고, 소통의 부재 때문에 추진 과정에서 상당한 자원을 낭비하게 된다.

상사는 팀원에게 업무를 위임하고 팀원이 업무 수행에서 성공을 경험하도록 돕는 책임을 갖는다. 팀을 잘 이끌어서 성과 목표를 달성하기 위해서 그리고 팀원의 역량을 개발하여 강력한 팀을 구축하기 위해서 매니저는 업무 지시를 잘하는 법을 배워야 한다. 업무 지시를 잘하면 일이 잘 수행되어 기대하는 결과를 달성할 수 있고, 수행하는 과정에서 팀원이 성장한다.

다른 사람에게 일을 시키는 것은, 사람에 따라 차이는 있겠으나 아무래도 어려운 법이다. 성격적으로 남에게 무엇을 시키는 것이 불편할 수도 있겠고, 팀원들이 매니저가 기대하는 수준만큼 일을 못할 수도 있다. 그러나 싫든 좋든 팀장이 되었다면 다른 사람에게 일을 시키는 요령을 배워야 한다. 다음은 스트레스를 받지 않고 효과적으로 업무를 지시하는 방법이다.

첫째는 누구를 불러서 업무를 지시하기 전에 지시할 일을 미리 작성해 보는 것이다. 먼저, 해야 할 일을 적는다. 그리고 그 일을 해야 하는 이유와 배경을 요약한다. 다음으로는 매니저인 당신이 기대하는 결과는 무엇인지를 구체적으로 작성한다. 마지막으로 수행 중에 지켜야 할 규칙이나 주의사항이 있는지를 살핀다. 이렇게 작성하는 과정에서 수행할 과업 전체를 좀 더 넓고 꼼꼼하게 검토할 수 있다.

둘째는 업무를 맡길 팀원의 상황과 감정에 대해서 살펴보는 것이다. 팀원의 상황과 감정을 잘 파악하면, 동기 부여를 잘하는 방식으로 팀원과 소통할 수 있기 때문이다. 이것은 팀원의 눈치를 보라는 뜻이 아니다. 팀원의 최대 역량을 이끌기 위해서 현재 팀원의 수행 준비 수준이 어떠한지를 진단해 보라는 의미이다.

인텔의 전설적인 CEO였던 앤디 그로브는 "어떤 사람이 일을 하지 않는 이유는 오직 두 가지뿐이다. 그 일을 할 수 없거나 하려고 하지 않는 것이다. 즉 능력이 없거나 동기가 없기 때문이다."라고 하였다.

그로브의 조언처럼 진단은 두 가지 관점에서 이루어진다. 하나는 맡기고자 하는 과업에 대하여 팀원이 충분한 지식, 경험, 스킬 그리고 자원을 가지고 있는지 살펴보는 확인이다. 만일 부족한 상태라면 분명 이 부분 때문에 과업 수행 과정에서 큰 스트레스와 낭비를 경험할 것이므로 효과적으로 도와줄 방안을 모색해야 한다. 지시받은 일을 수행할 자원이 없는데 그것을 상사가 신경 쓰지 않아서 어려움을 겪고 몰입도 낮아지는 경우는 흔하다.

다른 하나는 팀원이 과업에 대하여 자신감을 느끼는지, 관심이나 욕구가 있는지 확인하는 것이다. 일을 하면서 개인의 사정을 어떻게 다 고려하느냐며 반문할 수도 있겠지만, 고려하는 것 자체로 의사소통의 느낌이 달라지고 더 큰 헌신을 촉진하게 된다.

셋째는 맡길 업무에 관하여 팀원과 소통하는 것이다. 소통할 때는 팀원의 과업을 수행할 수 있는 준비 수준을 고려하여 적절한 소통 스타일을 선택할 필요가 있다. 사람들은 모두 특유의 의사소통 스타일이 있을 터인데 어떻게 팀원의 수준에 따라서 의사소통 스타일을 바꿀 수 있느냐고 의구심을 가질 수 있다. 하지만 원리를 배운다면 이것은 그리 어려운 일이 아니다. 핵심은 팀원의 필요에 맞추어야 한다는 것이다. 과업에 대한 지식, 경험, 기술이 부족한 팀원에게는 친절하고 상세하게 설명해 주면 큰 도움이 된다. 과업에 대한 자신감이나 의지가 부족해 보이는 팀원에게는 일방적인 지시보다는 과업의 중요성에 대한 설명과 더불어 팀원의 상황과 감정을 경청하는 쌍방향 소통이 필요하다.

이상 세 가지를 간략히 요약하면 3단계 업무 지시법이라고 할 수 있다. 첫째는 과업을 명확히 파악한다. 둘째는 팀원에게 해당 과업을 수행할 지식, 경험, 기술, 정보, 자원이 있는지, 그리고 자신감, 헌신, 욕구가 있는지를 진단한다. 셋째는 팀원의 과업을 수행할 준비 정도에 따른 팀원의 필요를 충족시킬 의사소통 스타일을 선택해서 대화한다. 명확하게 이해된 일은 그 자체로 사람을 이끌어가는 힘이 있다는 점을 기억한다면 당신은 팀원의 업무 수행 성공을 돕는 멋진 관리자가 될 수 있다.

여성 리더십이 따로 있나요?

여성 리더를 위한 여성 리더십 교육이 필요하다는 이야기를 처음 들었을 때, 필요한 주제라고 공감하기보다는 좀 이상하다는 느낌이 들었던 기억이 난다. 리더는 어떤 책임을 맡아서 수행하는 역할을 하는 사람이고, 그 책임을 수행하기 위해서는 그가 여성이든 남성이든 관계없이 리더십 역량이 필요한 것이니, 여성 리더에게 맞는 리더십이 따로 있고 남성 리더를 위한 리더십이 따로 있어서 그것을 구분하는 것이 적절한가 하는 의구심이 들었다. 여성이든 남성이든 리더가 되었다면 그 자리가 요구하는 것은 동일할 테니 주어진 역할을 잘 감당할 수 있는 덕목과 기술을 개발하면 되는 것이 아닐까.

여성은 남성과는 다르니 여성이 보편적으로 가지고 있는 강점을 잘 발휘할 수 있는 리더십 이론과 모델을 연구한다면 여성 리더십이라고 할 만하고 가치가 있겠다는 생각도 들었다. 리더십을 발휘하는 주체의 특성이나 강점에 집중하는 주장은 흔히 있으니 그럴듯해 보이기는 하다. 하지만 나로서는 여성의 특성과 강점을 토대로 남성과 비교되는 차별적 가치를 제시하는 여성 리더십 관점을 지지하기 어렵다. 성에 대한 차별적 고정관념으로 흐를 것이 뻔하기 때문이다.

그럼에도 세상의 절반이 여성이고, 직장에서 여성 관리자와 리더의 비율이 조금씩이나마 늘고 있으므로 여성 리더십 교육에 대한 수요는 늘 있어서, 리더십 개발 서비스를 제공하는 코치로서 여성 리더십은 계속 외면할 수만은 없는 주제였다.

그러다가 실질적인 관점의 변화를 안겨 준 책을 두 권 만났다. 여성 리더십에 관심이 있다면 필독을 권하고 싶은, 강렬하고도 설득력이 있는 책이다.

한 권은 이은형과 유재경이 공저한 《사실은 야망을 가진 당신에게》이다. 이 책에서 내가 얻은 여성 리더십에 대한 지식은 여성 리더십이란 무엇인가 따위의 개론적 정의가 아니었다. 그런 것은 없다. 여성 리더십에 대해 나름의 근거를 가지고 정의를 내리고 설명하는 책이나 논문이 있다면 버리라고 말하고 싶다. 이은형과 유재경은 우리 사회가 가지고 있는 여성 리더에 대한 보편적이고 차별적인 선입견에 대해서 신랄하게 그리고 설득력 있는 증거를 토대로 비판하였는데, 그것은 나에게도 적용되는 지적이었다.

다른 한 권은 성경역사학자 베스 앨리슨 바가 저술한 《처치 걸》이다. 기독교에는 남성과 여성의 위계를 구분하는 고유한 신학적 관점과 체계가 있다. 역사학자들의 시야는 참으로 넓으면서도 촘촘하다. 바는 성경역사학자답게 일반인들이라면 접하기 어려운 오래전 문헌과 인물과 그 시대적 특성을 광범위하게 고증하고 비교하면서, 기독교에 보편적으로 자리 잡은 여성의 설교권을 인정하지 않는 남성 중심적인 세계관이 오히려 성경적이지 않음을 비판한다.

소개한 두 권의 책에서 내가 여성 리더십에 대해 배운 것은, 역설적으로 여성 리더십이란 존재하지 않는다는 점이다. 우리에게 필요한 것은 남성이 여성보다 리더로서 더 적합하고 우월하다는 차별적이고 왜곡된 세계관을 극복하는 일이다. 두 권의 저자들은 여성들에게 리더로서 공헌할 것을 격려하고 그러기 위해서 부당한 편견과 권력에 맞서 싸울 것을 촉구하고 있었다.

여성 리더십에 대해서 교육한다면, 여성이 어떻게 부당한 대우를 받아 왔는지에 대한 역사적 사실을 배우고, 우리 안에 여전히 존재하는 왜곡된 관점과 선입견에 대한 인식을 높이고, 이 모든 장애물에도 불구하고 어떻게 리더로서 공헌하기 위해 나아갈 것인가를 다루어야 할 것 같다. 여성이든 남성이든 리더로써 해야 할 일과 갖추어야 할 리더십은 같다. 여성 특유의 강점을 살리는 리더십 모델 따위는 없다.

리더가 필요 없는 세상을 기다린다

아주 오래전 왕이 세상을 다스리던 시대에는 하늘의 선택을 받아야 리더로 선출되었다. 인류의 지식이 축적되고 과학적 사고가 세상의 원리를 밝히기 시작한 근대 이후에는 리더는 어떤 특별한 자질을 가지고 있다고 믿었다. 그리고 리더를 차별화시키는 타고난 특성이 무엇인지를 과학적으로 연구했다. 리더십 특성 이론은 이제는 지나간 이론이지만 워낙 사람을 끄는 매력이 강해서, 우리는 지금도 리더는 외모, 지능, 성격, 언변 등에서 남다른 특성을 가진다고 믿는다. 현대의 리더십 이론은 리더에게 적합한 특성이 따로 있다는 주장을

마음의 레버리지

배격한다. 누구나 리더로 성장할 수 있다는 말이다.

그런데 리더는 왜 필요할까? 험난한 시련을 이겨 내고 우리를 더 나은 세상으로 이끌어 줄 리더가 꼭 필요한가? 나는 문명 발달 수준을 알려 주는 핵심 지표를 리더 의존도라고 하고 싶다. 리더 의존도, 이런 지표가 있는지는 모르겠지만, 사람들은 비슷한 뜻을 담은 이야기를 일상적으로 한다. "내가 없어도 잘 돌아가는 그런 팀을 만들고 싶어요. 그것이 진짜 리더가 해야 할 일 아닌가요?" 하고 말하는 조직의 리더들을 종종 만난다.

리더의 원형은 내적으로는 구성원 간의 시비를 가려 주는 재판에 있고, 외적으로는 외부의 공격으로부터 공동체의 안녕을 지키는 전투에 있다. 모든 개인의 자아가 건강히 발달하고, 의식 수준이 높고, 개인의 양심에 의해서 결정하고 행동하여도 아무런 문제가 없고, 상호의존적으로 공존할 수 있는 그런 세상이야말로 가장 고도화된 문명이 아닐까? 누가 대통령이 되든 상관 없이 번영하는 그런 수준의 문명은 언제쯤이면 가능할까?

성찰과 리더십

관계 맺기의 기술

▲

마음이 힘든 사람이 많아진 이유

마음 건강에 관심이 상당히 늘고 있다. 드라마만 해도, 예전에는 드라마의 성공 공식은 막장이었다. 일상에서 경험하기 어려운 재벌가의 생활, 삼각관계, 출생의 비밀 등 자극적이고 일탈적인 소재들이 많았던 것으로 기억된다. 요즘은 평범한 사람들의 일상을 지나칠 정도로 세밀하게 다루는 드라마들이 상당한 인기를 얻고 있다. 내가 좋아한다는 이유로 보편적으로 인기 있다고 말하는 것이 무리일 수는 있으나, 나도 주변의 추천을 받아서 드라마를 보는 것이기에 크게 틀리지는 않을 것이다.

평범한 사람들의 일상을 꽤 길게 다루기 때문에 드라마에서 전개되는 스토리의 핵심은 사건이 아니라 인물이다. 그러다 보니 인물

개개인을 세밀하게 다룬다. 사건 중심의 드라마들은 사건을 통해 관심을 끌려고 하다 보니 아무래도 불륜, 살인, 범죄 등과 같이 자극적인 경향이 크다. 반면에 사건보다 인물이 중심인 요즘 드라마는 사람들의 마음을 자세히 들여다보게 한다.

드라마 〈나의 아저씨〉는 휴대폰 도청이라는 장치를 통해서 한 사람의 마음속에서 일어나는 일들을 전지적 시점으로 관찰하는 기회를 제공한다. 심리상담의 지식과 경험을 가진 사람이 스토리 작업에 참여하였을 것으로 보일 정도다. 상당한 분석과 통찰이 담긴 대사들을 만나게 되어 드라마를 보다가 자주 감탄했다.

공감을 얻지 못하면 인기를 얻을 수 없다. 그래서 인기가 있다는 것은 공감을 얻고 있다는 이야기이다. 공감을 얻는다는 말은 많은 사람들이 비슷하게 아파하고 어려워하고 있다는 결론에 도달한다. 마음의 아픔과 어려움을 가지고 있는 사람들이 왜 많아졌을까?

곰곰이 생각하다가 우선은 두 가지로 이유를 정리해 보았다. 하나는 사회가 발전했기 때문이다. 먹고사는 문제 즉 생리적 욕구를 충족하기도 어려웠던 옛날에는 마음을 돌아볼 여유가 없었다. 먹고 살수 있는 정도가 되면 그것으로 만족하고 감사했다. 그러나 지금은 사회가 발달하여 생리적 욕구 충족을 넘어서는 심리적 욕구의 충족이 중요한 시대가 되었다. 심리적 욕구는 사회적 관계 속에서 충족되기 때문에 욕구의 충족은 나 혼자만의 문제가 아니다.

심리적 욕구의 증가는 우리 사회가 발달했다는 지표이고 이것은 좋은 일이다. 그러니 살기 어려워져서 마음이 아픈 사람들이 많아진 것이 아니라 인간다운 삶을 위해서 마음을 돌아볼 수 있는 사회가 되었기 때문에 드러나는 현상이라고 보는 것이 좋겠다.

또 다른 이유는 사회관계망이 넓어졌기 때문이다. 심리적 욕구는 관계 속에서 충족되는데, 우리가 접하는 소식의 범위는 과거처럼 알고 지내는 지역 공동체 수준이 아니라 전 지구적 수준이 되었다. 예전에는 전혀 상관이 없었던, 알 수도 없는 사람들의 삶과 나 자신을 비교하며 살게 된 것이다. 비교는 사람을 어렵게 한다.

그럼 어찌해야 할까? 마음이 아픈 사람이 많아지므로 점점 각박한 세상이 되어 간다고 사회를 비판하기보다, 구성원의 아픈 마음에 귀를 기울이는 세상으로 나아가는 발전의 방향에 힘을 보태어, 서로의 다름에 상관없이 존중하고 공정하게 대하는 사회적 관계 시스템과 문화를 만들어 가길 소망한다.

빡센 군기 같은 것은 필요 없다

"여태까지 해 본 아르바이트 중에 제일 어려웠던 것은 뭐예요?"

등산이라고 하기에는 모자라고 산책이라고 하기에는 제법 힘이 드는 어중간한 동네 뒷산 트레킹 중에 일행이 내게 물었다. 나는 크게 망설이지 않고 인삼 건조장이라고 대답했다.

"인삼 건조장에서 일했던 것이 제일 어려웠어요. 그게 거의 40년

전의 일이기는 한데, 지금이야 최신식 건조 시설에서 인삼을 말리겠지만 그 시절에는 좌우에 층층으로 선반이 놓여 있는 건조장 안에 파란 불꽃이 이글이글 타오르는 연탄 화덕을 20여 개쯤 피워 놓고, 대나무로 만든 채에 막 씻은 수삼을 널어서 건조했죠. 그리고 건조장에 들어가서 아래 선반에 있는 인삼 채를 위 칸으로 올리고 위 선반에 있는 것은 아래로 내리는 작업을 했어요. 처음에 건조장에 들어가 보라고 해서 문을 열었다가 순간 숨이 턱 막혀서 그대로 문을 닫고 나오고 말았지요."

인삼은 여름이 시작할 때부터 캐기 시작해서 늦가을까지 수확한다. 불볕더위가 기승을 부리는 7, 8월에 이글거리는 연탄 화덕들로 뜨거워진 건조장 안의 공기는 상상을 초월했다. '여기가 바로 지옥이다!' 아찔한 탄식이 절로 나왔다.

늦가을이 되자 건조장에 들어오는 인삼이 줄어들어서 그 일을 그만두고 연탄 배달을 하기 시작했다. 그 시절에는 김장을 하듯 겨울에 쓸 연탄을 창고에 미리 쌓아 두는 것이 중요한 월동 준비였다. 연탄을 미리 쌓아 놓으면 물기가 있는 연탄이 잘 말라서 화력 좋아지고 연탄가스 사고 염려도 줄어든다. 연탄 배달 일도 만만치 않게 힘들지만 인삼 건조장의 일이 얼마나 어려웠던지 연탄 배달은 놀면서 하는 일처럼 느껴질 정도였다.

내가 말한 아르바이트의 강도가 자신의 예상보다 세었는지, 동행은 그렇게 어렵게 자랐다면 마음의 상처, 나도 남들처럼 부모님이 뒷바라지를 해주셨으면 훨씬 더 잘나갔을 텐데 하는 등의 서운한 마음 같은 것은 없느냐고 물었다.

"그러게요. 그럴 만도 한데, 어떤 상처 같은 것은 없었어요."

생각해 보니 어렵게 자란 그 시절이 나에게 그림자가 되지는 않았다. 다만 인생을 재미있게 사는 법이라든지, 생일 같은 기념일을 챙기고 축하해 주기도 하고 나도 축하를 받고 즐거워하는 등 일상의 행복을 어색해하는 사람으로 살아온 것 같아 아쉽기는 아쉽다. 그러나 지금부터라도 달라지면 되니까 크게 개의치는 않는다.

왜 상처가 없다고 느낄까? 어려움은 상처가 되지는 않는다. 오히려 기백을 만들어 주기도 하고 신념이나 자긍심 같은 것을 단련시킨다. 상처는 사람들로부터 조롱을 받거나 학대를 당하거나 하는 등 인간의 자존감에 상처받는 일이 누적되어 생기는 것 같다. 군대 생활을 떠올려 보아도 그렇다. 동계 훈련이 시작되어 며칠 밤낮을 그 추운 벌판에서 텐트를 치고 잠을 자기도 하고, 밤새워 수십 킬로미터를 행군하고 새벽 여명이 밝기 전에 새로운 방어 진지를 구축하는 등의 힘든 훈련은, 군 생활은 당시에는 힘들었지만 시간이 흐르고 나서는 뿌듯한 추억이라고 대답한다. 그러나 내무반 생활에서 인간관계에서 느낀 혐오나 차별, 분노 등은 상처였다고 한다.

그런 면에서 보면 나는 다행스럽다. 지금까지 살아오면서 누구로부터 이용당하지도 않았고, 학대를 당하지도 않았고, 신념에 반하는 행동을 하도록 압력을 받은 적도 없었다.

사람을 차별하거나 모욕감을 주는 그런 조직은 만들지 말자. 실전이 더욱 가혹하므로 훈련이 고통스러울 수밖에 없거나, 해야 할 일이 너무 많고 하나 같이 힘들어서 잠도 제대로 잘 수 없다거나, 사소한 실수가 생명이나 큰 사고로 연결될 수 있기에 늘 긴장해야 하는 일터라면 더욱 서로를 존중하고 격려하는 문화를 만들어야 한다. 조직을 움직이고 지탱하는 것은 강압적인 관리가 아니다. 빡센 군기 같은 것은 필요 없다. 필요한 것은 실력과 자긍심이다.

묻지 마 친절의 효능

드라마 〈나의 해방일지〉를 보고서야 아무 조건을 달지 않고 누군가를 추앙하는 것이 우리를 구원한다는 명제를 다시 깨달았다.

우유를 마시는 사람보다 새벽에 우유를 배달하는 사람이 더 건강하다는 격언처럼, 친절과 관심과 사랑 등은 받는 사람에게도 큰 힘이 되지만, 주느라 수고한 사람이 처음에는 피곤한 듯하고 가난해지는 듯해도 결국에는 더 큰 힘으로 되받는다.

어제 모임에서 긍정 심리에 관한 이야기를 나누면서, 사람이 건강하려면 좋은 음식을 섭취해야 하듯이 정신적, 심리적으로 건강하려면 마음의 위를 좋은 양식으로 채워야 한다는 이야기를 나누었다. 소소한 일상생활의 여러 만남과 활동 중에는 건강과 활력을 주는 양식도 있고 기운을 빼앗는 것도 있다. 평소에 마음의 위를 채우는 양식으로 무엇을 주로 섭취하는지 살펴볼 일이다. 건강한 마음의 양식 목록을 만들어 보자. 그리고 다이어트 계획을 짜듯이 간단한 활동 계획을 세우고 실천하여 매일 그것을 섭취하도록 노력하면 좋겠다.

그 누구에게든 마음의 위를 채워 주는 양식으로, 다른 사람에게 친절과 호의를 베풀기를 권하고 싶다. 특히 되돌려받을 가능성이 거의 없는 낯선 타인에게 묻지 마 친절을 베푸는 모험을 감행해 보라고 부추기고 싶다. 어떤 결과가 있을지 모르지만 매우 신나는 모험이 되리라 생각한다. 세간에 유행하는 묻지 마 폭행 대신 묻지 마 친절이 가득한 공동체를 만들어 가면 좋겠다.

갈등의 원인과 대안

목표가 분명하고 역할이 잘 조정된 팀에서도 갈등이 발생할 수 있다. 그 이유는 여럿이다.

첫째, 이익의 충돌이다. 구성원의 누군가(대체로 권한이 있는 리더)가 더 큰 이익을 얻는 경우이다. 목표 달성 과정에서 구성원이 자기에게 조금 더 유리한 전술이 채택되도록 술수를 사용할 수 있다. 아울러 목표 달성 후에도 논공행상을 잘못한다면 달성 곧 그 승리가 독이 되어 조직에 균열을 가져올 수 있다.

둘째, 정의의 충돌이다. 가치의 충동이라는 표현이 더 옳다고 생각하지만, 의미의 전달을 위해서 정의라는 단어를 선택한다. 우리는 대개 자기의 신념이나 선호 따위를 올바름의 기준으로 여긴다. 당신이 누군가의 언행이나 의사 결정에 분노를 느낀다면, 아마도 당신은 성격 특성적으로 판단의 틀로 세상을 바라보고 일을 바르게 처리하는 데 관심이 많은 사람일 것이다. 이런 유형의 사람이 조심할 것은, 옳고 그름의 판단 기준이 자기 자신의 경험과 생각일 가능성이 높아 객관성과는 거리가 있다는 점이다.

이익의 충돌로 인한 갈등의 경우, 객관적이고 공정하며 유용한 규칙을 합의하고 지속적으로 적용하면 갈등을 상당히 예방하거나 해결할 수 있다. 그럼에도 사람은 자기중심적인 경향이 있어서, 경우에 따라서는 권한을 가진 리더가 자기의 이익을 내려놓는 결단을 하지 않는다면 힘의 대결(본격적인 싸움)로 갈 가능성도 없지 않다.

정의의 충돌로 인한 갈등의 경우, 구성원들은 먼저 시선을 자기 자신에게로 돌리며 관점을 전환해야 한다. 공유하는 조직의 목표 달성을 위해서, 다른 구성원이 노력하고 있는 활동이나 기여를 상대방의 관점이 아닌 자기의 기준으로 바라보며 판단하고 있기 때문이다. 잘 알지 못하면 오해하고 비난하게 된다. 그러므로 남을 정죄하기보다 조직 목표 달성을 위해 나는 어떻게 공헌하고 있는가에 초점을 맞추어야 한다. 서로를 견제하며 비판하는 것이 일정 부분 탈선을 예방하는 효과는 있으나 자칫 비판이 지나치게 되고, 그러다 보면 조직 전체가 방어적이고 수동적으로 식어 버린다.

만일 당신이 어떤 불편감을 느끼고 있다면, 시선을 자기에게로 돌려서 나는 어떻게 공헌하고 있는가를 먼저 생각할 필요가 있다. 내가 옳은 방향이라고 지지하는 정책이나 결정은 나의 기준에 따른 것이지 진리와 비교하여 도출된 것은 아니다. 그러니 남의 노력을 판단하기보다는 나는 어떻게 공헌할 것인가를 생각하고 실행하여 실질적인 결과를 만들자.

슈퍼바이저의 역할

예전에는 관리자를 의미하는 호칭으로 '슈퍼바이저'를 많이 사용했다. 슈퍼바이저는 위에서(super) 관찰하는(vision) 역할을 하는 직무이다. 용어 자체가 일을 잘하는지 못하는지 감시하는 감독자의 느낌을 물씬 풍긴다. 누군가가 나를 감독하고 관찰하는 것을 좋아할 사람은 없다.

세상이 변하면서 직장에서도 수직적이고 권위적인 체계와 문화가 자율적이고 수평적인 것으로 바뀌고 있다. 그런 변화는 꽤 오래전에 시작되어 지금 이런 말을 하는 것 자체가 구시대적인 느낌이 들 정도이다. 당연히 관리자 즉 슈퍼바이저의 역할도 달라졌다. 그럼 어떻게 바뀌었을까?

'슈퍼비전'은 위에서 넓은 시야를 가지고 관찰하는 행위이므로 사람의 인지적 측면에서 보면 메타 인지에 해당하는 활동이라고 할 수 있다. 메타 인지의 사전적 정의를 찾아보면 '자신의 인지 과정에 대해 관찰, 발견, 통제, 판단하는 정신 작용으로 인식에 대한 인식, 생각에 관한 생각하기, 다른 사람의 관점에 대해 생각하기, 그리고 고차원의 생각하는 기술(higher-order thinking skills)'이다. 오래된 청춘 드라마 〈상속자들〉에서 명수가 영도에게 무슨 생각을 그리하냐고 물으니 "졸부(차은상) 생각. 그리고 내가 졸부 생각을 왜 하는지까지 생각하는 중"이라고 답하는 장면이 나온다. 차은상에게 마음이 끌려 자연스레 생각하게 되는데, 그러는 자신을 관찰하며 '나는 왜 차은상을 생각하고 있는 거야?' 하고 생각을 분석하는 것은 메타 인지의 한 모습이라 할 수 있다. 이처럼 우리는 종종 메타 인지를 사용하여 자기 자신의 생각이나 감정을 관찰하고 해석한다.

문제를 인식하고 빠르게 대응하여 해결하기 위해서는 문제에 융합되지 않고 떨어져서 거리를 두고 사안을 볼 수 있는 메타 인지가 필요하다. 사실 어려운 사안일수록 우리는 사안에 묶여 객관적인 시각을 유지하는 것이 어려워진다. 그런데 슈퍼바이저는 좀 더 풍부한 지식과 경험 그리고 기술을 소유하고 있고, 무엇보다도 타인이기 때문에 해당 사안을 객관적인 관점에서 바라볼 가능성이 높다. 바로 여기에 슈퍼바이저의 역할이 있다.

오늘날의 슈퍼바이저는 자신의 팀원이나 부하 직원 혹은 피감독자를 감독하는 것이 아니라 그들을 슈퍼바이저의 어깨 위로 올려서 그들이 좀 더 넓은 시야를 확보하고 문제 사안을 바라볼 수 있도록 돕는 일을 한다. 진시황제를 소재로 한 무협만화 〈킹덤〉에서 천하를 호령하던 왕기 장군이 전투에서 숨을 거두기 직전에 주인공 '신'이 그를 구출하는 장면이 있다. 신은 왕기가 더 이상 말을 몰 수 없는 지경에 이르자 그의 말에 뛰어올라 고삐를 잡고 적진을 돌파한다. 그때 잠시 정신이 든 왕기가 신에게 흥분을 가라앉히고 주변을 둘러보라고 말한다. 장군의 말에서 바라보는 전장을 보여 주려는 것이다. 왕기 장군을 구출하기 위해 몰려드는 적병과 사투를 벌이던 신은 일촉즉발의 상황이었지만 장군의 지시에 따라 잠시 눈을 감고 깊은 호흡을 하고 눈을 떴다. 그때 신의 시야는 갑자기 넓어져서 창을 들고 달려드는 바로 앞의 적병뿐만이 아니라 전투의 상황 전체가 눈에 생생하게 들어오고 탈출로를 발견하는 경험을 한다. 슈퍼비전을 하게 된 것이다.

당신이 슈퍼바이저라면, 이제는 감독자가 아니라 팀원의 시야를 넓혀 주는 일을 해야 한다. 그들의 메타 인지를 확장하는 데 기여해야 한다. 그리고 우리는 그런 슈퍼바이저를 만나서 자주 대화해야 한다.

마음의 레버리지

일을 만드는 일

잡 크래프팅

품질부서에서 15년을 넘게 일하고 있는 엔지니어의 강연을 들었다. 그는 자기 일의 힘든 부분을 재치 있게 표현할 줄 아는 유머가 있는 사람이었다.

그는 자신이 만나는 사람은 대개 화를 낸다고 하였다. 저런! 일하며 스트레스 많이 받겠다. 고객은 구매한 물품이나 시스템에서 문제가 발생했으니 얼마나 화가 날까. 당연히 웃으며 말할 리 없고 기다려 줄 리도 없으며 모든 일이 빨리빨리 해결되어야 한다고 재촉할 것이니, 문제를 해결하는 일도 힘들고 사람을 상대하는 일도 어렵겠다는 인상을 받았다.

그런데 그는 품질부서에서 일하면서 불가피하게 경험하는 압박과 스트레스를 참 지혜롭게 해결하고 있었다. 우선은 스스로 자기 자신을 낭패 본 사람들을 돕는 선한 이웃이라고 생각하였다. 진심으로 고객들의 상황과 감정을 공감했고, 실질적으로 문제를 해결하려고 최선을 다하였다. 그 결과 마지막에는 고객들이 환하게 웃으며 고맙다고 인사하는 모습을 보였다.

또 하나, 문제를 해결하기 위해서는 깊이 들여 보아야 하니, 고객의 불만과 요구에 대응하는 모든 순간을 새로운 것을 배우고 실력을 키우는 좋은 학습 기회로 받아들였다. 교육계에서 꾸준히 실질적인 학습 기법으로 주목받는 것이 PBL(problem based learning)인데, 그는 이런 용어를 사용하지는 않았지만 자기의 업무를 주도적인 학습 과정이자 성취로 전환하였다.

'잡 크래프팅'(Job Crafting)은 특정 직무를 재해석하고 새로운 가치를 창출하는 방식으로 직무의 내용을 개선하는 작업을 말한다. 빠르게 변화하는 비즈니스 환경에 대처하기 위해 일을 재해석하고 일하는 방식을 바꾸어야 하므로 직장에서 중요하게 다루어지는 개념이다. 직무를 개선하는 활동을 하는 주체가 예전에는 조직이었는데, 지금은 개인이 직무의 재창조를 주도하는 방향으로 변하고 있다. 이들은 책임 있고 자유로우며 스스로 결정하고 문제를 해결할 수 있는 실력이 있는, 멋진 전문가이자 창조자들이다.

일을 만드는 일

해야 할 일이 산더미처럼 많다는 것은 행복한 상태이다. 여기저기서 찾는 이가 많고 인정을 받고 있다는 뜻이니 말이다. 반면에 할 일이 없는 때를 경험해 본 사람은 백수가 과로사한다는 농담이 우스갯소리가 아님을 안다. 일을 달라고 요청하거나, 일을 주는 사람이 없다면 직접 일을 만들어야 한다. 일을 달라고 요청하는 구직 활동은 어려운 일이며, 일을 만드는 일은 주어진 일을 하는 것에 비해 참으로 어렵다. 일을 한다고 해서 그게 다 '일'이 되는 건 아니다. 일한 결과를 보고 적정한 값을 치르고 구매할 사람이 있는 일이라야 일이기 때문이다. 이런 일을 만들기가 쉽지 않다.

직장 생활 초년 차는 주어진 일을 상사의 눈높이에 흡족하게 잘 해내면 된다. 중간 관리자 정도의 경력이 쌓이면 자신이 자기 일을 잘 해내는 것은 당연하고 후배들도 일을 잘할 수 있도록 돕고 이끌어야 한다. 이 일은 조금 어렵다. 부장 이상의 고위 관리자가 되면 일을 만드는 일을 해야 한다. 이 일은 상당히 어렵다.

일을 잘 만드는 사람들을 관찰해 보면, 이들은 한결같이 타인의 필요와 욕구를 민감하게 알아차리고 경청한다. 일은 자기를 위해서가 아니라 누군가를 위해서 존재한다는 것을 안다. 자기를 위해서 하는 일은 취미라고 할 수 있다. 그러기에 일의 결과물을 기다리는 사람들이 기대하는 것을 정확히 알려고 애쓴다. 어떤 면에서는 그들 자신보다 그들의 욕구를 더 깊이 내다보기도 한다. 우리는 우리가 원하는 것을 모르고 있다가 막상 무엇을 만났을 때, 그제야 "아! 이것이 내가 원하는 것이에요"라고 말하기도 한다. 그것까지 내다본 것이다.

해야 할 일이 많았으면 좋겠다. 내가 좀 더 쓸모가 있는 사람이길 소망한다. 누군가의 행복에 공헌할 수 있으면 좋겠다.

마음의 레버리지

조직이 가치를 추구할 때

▲

진심 어린 관심의 생산성

생산적이라는 게 무슨 의미일까? 우리는 자기 자신과 사랑하는 사람들을 위해 의식주를 해결해야 한다. 그럼, 설거지와 빨래는 생산적인 걸까? 집안 청소는? 분명 생산적인 일일 것이다. 그렇다면 그저 누군가와 마주 앉아 마음에서 우러나오는 관심을 보여 주는 일은?

– 대니얼 고틀립,《샘에게 보내는 편지》, 191쪽

생산성을 계산하는 공식은 '(산출물 – 투입물)÷투입물'이다. 10을 투입해서 10을 얻었으면 생산성은 0이다. 10을 투입해서 11을 얻었으면 생산성은 10퍼센트가 된다. 그런데 이런 공식은 양적으로 측정이 가능한 개념으로만 접근하고 있고, 산출물의 실질적 가치를 간과하는 함정이 있다.

생산성을 제대로 계산하려면 고객이 얻는 심리적 부가가치 관점을 포함해야 한다. 산출물이 고객의 웰빙 향상에 얼마나 기여하는지를 따져 보아야 한다. 집을 깔끔하게 청소해서 온 가족이 쾌적한 기분을 느끼고 돌봄을 받는다는 느낌을 받았다면 대단히 가치 있는 결과를 만든 것이므로 투입한 시간과 노력 대비 생산성은 무척 높을 것이다.

그렇다면 고틀립이 이야기한, 그저 누군가에게 진심 어린 관심을 보여 주고 그의 이야기를 듣는 것은 대단히 생산적인 일이다. 너무도 소중하고 가치 있는 것들은 가격을 매기지 못한다. 숨을 쉬는 공기에 가격을 매길 수 없는 것처럼, 따뜻한 친절과 관심도 너무 가치 있기에 오히려 값없이 주고 받을 수 있는 것이 아닐까? 대신 없어도 사는 데 지장을 주지 않는 것들은 주로 비싼 경향이 있는데, 이는 참으로 다행한 일이다.

물질적인 관점에서 계산된 생산성의 개념도 중요하겠지만, 가격으로 환산하기 어려운 일들, 예를 들면 타인에게 보내는 친절과 관심과 그 일에 시간을 들이는 활동의 가치 있는 생산성을 기억하자. 그래서 오늘 하루 누군가에게 위로가 되고, 힘이 되고, 웃을 수 있는 순간을 선물했다면 매우 생산적인 하루를 살았음을 알고 스스로를 대견해하면 좋겠다.

마음의 레버리지

문제 해결 회의를 진행하는 요령

경영은 무엇을 어떻게 달성할 것인지에 관한 비전과 전략을 결정하고 그것의 실행 과정을 관리하여 발생하는 편차를 좁히는 것이다. 가치 중심으로 말하면, 무엇이 올바른 것인지를 결정하는 것과 올바름이 유지되도록 관리하는 것이라고 할 수 있다. 따라서 경영은 본질적으로 가치 판단이 개입되는 행위이므로 발생하는 편차와 문제를 해결하는 과정에서 갈등을 겪게 된다. 무엇을 경영하는 사람은 결정과 실행 과정에서 경험하는 갈등을 협력으로 전환하는 방법을 익힐 필요가 있다.

갈등은 문제를 정의하는 처음부터 발생한다. 마치 옷의 첫 단추를 채우는 것과 같아서 여기에서 잘못 시작하면 문제를 해결하는 모든 과정이 복잡하게 꼬인다. 갈등의 첫 번째 이유는 내가 문제라고 생각하는 것을 타인도 문제라고 생각할 것이라는 단순한 믿음이다. 가족 간에 발생하는 갈등을 생각해 보자. 우리 집에 나의 마음을 답답하게 하는 어떤 문제가 있는데 과연 배우자 혹은 자녀들도 나와 생각이 같을까? 나는 이것이 문제라고 주장하지만, 다른 사람들의 관점은 전혀 다를 가능성이 높다. 여기에 문제 해결의 중요한 본질이 존재한다.

무엇이 문제인지에 관하여 서로의 시각을 이해하려고 노력하는 것이 문제 해결의 첫걸음이다. 문제의 본질은 현재의 수준이 기대하는 바에 못 미친다는 점에 있다. 문제를 지적할 때 현재의 불만족스

조직이 가치를 추구할 때

러운 상태를 언급하는 방식보다는 만족스러운 상태를 바라보게 하는 것이 효과적이다. "적어도 이 정도는 되어야 하지 않을까요?"라는 식으로 말이다.

문제를 해결하는 과정에서 빠르게 다툼으로 달려가는 두 번째 이유는 문제를 어떻게 해결해야 하는지에 관해서 자기의 생각을 주장하기 때문이다. 문제를 해결하는 과정은 혼자의 작업이 아니라 함께 해야 하는 협력 작업이라는 점을 기억한다면 관점을 공유하기 위해서 좀 더 차분히 노력해야 한다. 문제 해결을 위해 어떻게 해야 한다고 말하기 이전에 무엇이 원인인지를 주의 깊게 탐색해야 한다. 우리가 기대하는 결과에 미치지 못하는 이유가 무엇인지를 차분히 논의해야 한다. 문제를 해결하는 과정은 공감대를 형성하는 과정이라는 점을 꼭 기억하자. 내가 생각하는 원인을 설득력 있게 피력하는 일도 필요하지만, 다른 사람이 원인이라고 주장하는 바를 이해하기 위해 경청하는 것도 중요하다.

필요한 일이 신속하게 진척되게 하는 것과 실행하는 사람들의 책임감을 보여 주는 것 모두 중요하다. 하지만 두 마리 토끼를 잡기는 쉽지 않다. 일이 빠르게 진척시키기 위해서는 무엇을 어떻게 하라고 지시할 필요가 있다. 그러다 보면 실행하는 사람의 책임감이 떨어질 수도 있다. 일을 하는 사람이 책임감을 유지하게 하려면 '당신의 생각은 어떻습니까?' 하고 묻는 단계가 필연적으로 필요하다. 사람들은 자율성에 대한 강력한 심리적 욕구를 지니고 있으므로 자기 생각이 반영되면 더 큰 책임감을 보인다. 원인에 대한 서로의 생각을 듣고 이해하는 단계는, 문제 해결 과정에서 책임감을 보여 주어야 하는 사람들의 헌신을 이끌고 강화하기 위해서도 반드시 거쳐야 한다.

다툼이 발생하는 세 번째 이유는 가능한 모든 옵션을 검토해 보기도 전에 의사 결정을 하려 하기 때문이다. 회의가 길어진다고 불평해 보았는가. 그렇다고 대답하는 이가 대다수일 것이다. 회의가 비생산적인 논쟁으로 빠르게 치닫는 것은 대개 지엽적인 의견을 가지고 대립하는 데서 발생한다. 시간을 절약하기 위해서는 우선 먼저 모든 대안을 테이블 위에 올려놓고 따져 보아야 한다. 순서상, 따져 보는 것이 먼저가 아니라 모든 대안을 테이블 위에 올려놓는 것이 먼저다. 누군가가 의견을 개진하면 좋은 생각이라고 격려해 주자. 처음부터 '그건 아니다'라고 반박하면 지엽적인 논쟁으로 흘러가게 된다. 좋은 생각이라고 받아 주는 데서는 계속하여 자기 생각이 얼마나 좋은지를 이야기할 수 없다. 이렇게 하면 불필요한 논쟁 없이 짧은 시간에 가능한 많은 대안을 검토할 수 있다.

다툼이 발생하는 네 번째 이유는 고무줄 기준이다. 성공적인 의사 결정의 본질은 무엇을 선택할 것인지에 관한 사안이 아니라 기준을 선정하는 일이다. 기준이 정해지면 자연스럽게 그 기준에 의해서 최선의 대안이 실행을 위한 해결책으로 선정된다. 테이블 위에 올려진 대안들을 바라보면서 무엇이 최선인지를 먼저 논하는 것은 자칫 지금까지의 참여를 이끌어 온 합리적인 프로세스를 물거품으로 만들

조직이 가치를 추구할 때

어 버릴 수 있다. 최선의 아이디어를 선정하면서도 실행하는 과정에서 예상되는 혼란을 줄이는 방법은, 의사 결정을 위한 합리적인 의사 결정 기준을 먼저 결정하는 일이다. 누군가가 시비를 걸어도 설명할 수 있는 그런 기준 말이다.

목표가 이끄는 조직

성공하는 조직 경영의 핵심에는 목표가 있다. 조직이 만들어지고 운영되는 이유는 미션을 추구하고 비전을 달성하기 위해서다. 넓은 의미로 보자면 미션과 비전은 목표의 다른 표현이다. 그리고 경영(management)은 목표를 설정하고 달성하기 위한 모든 노력이다. management의 'manage'는 '어떻게든 해내다'라는 뜻을 담고 있어서, 목적지에 도달하기 위해 수많은 난관과 어려움을 이겨 내고 앞으로 나아가기 위해 애쓰는 활동임을 보여 준다.

경영에 성공하려면 먼저 올바른 목표를 설정해야 한다. 다음으로 목표 달성을 위해 계획한 활동들을 효과적이고 효율적으로 수행해야 한다. 잘못된 목표를 설정하여 힘겹게 산을 오른 후에 '이 산이 아니네' 한다면 정말 큰 낭패다. 비록 올바른 목표를 설정하였다 하더라도 달성하지 못하거나 달성하는 과정에서 얻은 것보다 더 많은 자원을 사용했다면 이런 경우 역시 경영을 지속하기 어렵다.

위계적인 개념으로 목표를 살펴보자면, 가장 상위에는 미션이 있다. 미션은 조직이 존재하는 이유이자 조직원들이 하는 일의 본질을 설명한다. 잘 알려진 예를 들면, 구글은 전 세계의 정보를 체계화하여 모두가 편리하게 이용하게 하는 일을 한다. 투자증권회사인 미래에셋은 고객의 평안한 노후를 준비하는 일을 돕는다. 대전에 소재한 신약 개발 벤처기업 리가켐바이오사이언스는 '신약만이 살길이다'라는 미션을 위해 만들어졌고 그 일에 헌신하고 있다. 미션이 다른 목표들과 다른 점은 마감 기한이 없다는 것이다.

비전은 미션과 혼용하기도 하니 유사하지만, 분명한 차이점 두 가지가 있다. 하나는 기한이 설정되어 있다는 것이고, 다른 하나는 달성 여부를 측정할 수 있는 정량적인 기준이 제시되어 있다는 것이다. 미션이 '우리는 무슨 일을 하는 조직이다'라고 표방하여 어디로 가고자 하는지 방향을 제시해 준다면, 비전은 그 방향으로 달려가되 언제까지 어느 지점까지 도달하겠다는, 구체적이고 도전적으로 목표를 표방한다. 리가켐바이오사이언스는 생명을 구하는 신약을 만들겠다는 미션을 달성하기 위해 헌신하고 있는데, ADC(항체-약물 접합체) 플랫폼 기술에 기반을 두고 2030년까지 무엇을 달성하겠다는 매우 도전적이고 구체적인 비전을 수립하였다.

미션과 비전은 조직 구성원에게 영감을 주고 정체성에 대한 자부심을 강화하여 조직 몰입 수준을 강화한다. 하지만 아무래도 현재가 아닌 먼 미래에 관한 이야기여서, 오늘 당장 해야 할 일들에 영향을 주고 동기를 강화하기는 부족한 점이 있다. 여기에서 피드백이 필요

조직이 가치를 추구할 때

하다. 강력한 목표는 피드백과 함께 작동한다. 피드백이 작동하기 위해서는 통제가 가능한 수준으로 수행할 수 있는 활동을 실시간으로 관찰할 수 있어야 한다. 경영을 잘하는 조직들이 비전을 달성하기 위한 전략으로 단기간의 목표(OKR)와 실행 계획(Initiative)을 설정하고 긴밀하게 소통하는 것도 이런 이유에서이다.

이미 상당한 기업들이 연간 단위로 관리하던 목표 체계(MBO)를 좀 더 단기적이고 유연한 체계(OKR)로 전환하여 운영하고 있다. 목표를 설정하고 관리하는 체계로서 OKR은 인텔 그리고 그 후에 구글에서 도입한 이후 급속하게 전파되었다. 기존의 조직들은 주로 1년 단위로 목표를 설정하고 관리해 왔으나 이로 인한 많은 문제점을 경험하였다. 반면에 OKR은 기법적으로는 크게 다를 것이 없지만 주로 분기 단위로 설정하고, 체계적인 하향식보다는 자율성을 중시하여 상향식으로 설정하고, 평가 기준으로 목표 달성율을 느슨하게 적용하여 과감하고 도전적인 목표를 설정하도록 동기를 부여한다. 방법의 측면에서는 MBO와 OKR가 유사하지만, 제도 실천을 위해 요구되는 조직의 문화와 기술 면에서는 확연한 차이가 존재한다.

실행 계획(Initiative)은 OKR을 달성하기 위해 수립되는 업무 수행 계획이라고 보면 된다. 목표의 의미를 확대한다면 과정에 해당하는 실행 계획도 목표라 할 수 있다. 목표를 강조하다 보면 과정을 소홀히 여길 수도 있다. 무엇을 언제 어떻게 하겠다는 식으로 목표를 설정한 직원에게 '그것은 단순히 어떤 활동을 실행하겠다는 계획이지 목표는 아니다'라고 지적하면서 무엇을 달성하고자 하는지를 명확히 설정하라고 요구하는 리더들을 종종 본다. 옳은 지적이지만 계획된 활동을 수행하는 자체가 매우 도전적인 경우도 많다는 점을 기억해야 한다. 누군가 매일 아침에 40분 운동하기로 계획을 세웠다면 그것을 지키는 일은 쉽지 않으며, 지키는 것 자체를 목표로 삼을 만하다.

목표 관리는 구체적이고 도전적인 미션(Mission), 비전(Vision), 단기목표(OKR), 실행 계획(Initiative)이 체계적으로 정렬되어 작동한다. 그리고 지속적인 대화 기반의 피드백 시스템을 성실하고 유연하게 작동할 때 더욱 효과적으로 관리되고 달성할 수 있다.

조직이 가치를 추구할 때

성찰을 통해 함께 성장하기

───────────▲───────────

상대방이 얻는 것은 무엇인가?

"수학이 발견이라고 생각하세요, 아니면 발명이라고 생각하세요?"

아들이 내게 던진 질문인데, 솔직히 질문을 이해할 수 없었다. 아들은 공리에 대해서 말했다. 증명하지 않아도 되는 자명한 것으로 받아들이는 이치를 '공리'라고 부른다고 했다. 그러면서 공리의 토대 위에서 다른 것을 설명하고 증명한다면서, 공리가 적은 것이 많은 것보다 좋다고 알려 주었다. 자명하다고 여기는 원리들은 서로가 완전히 독립적일 터이니 그것들이 많을수록 세상의 균형 내지는 안정성이 약화할 것이다.

자연계를 설명하는 자연과학의 근본 원리로서 공리가 있다면, 인간관계를 설명하는 사회 심리에도 공리와 같은 역할을 하는 원리들이 있지 않을까?

 한 임금이 신하에게 명령하여 세상의 지혜를 가져오라고 하였단
다. 신하는 온 세상을 두루 다니며 현인들을 만나고 지혜를 수집하
고 정리하여 책을 만들어 왕에게 주었다. 왕은 책을 읽을 시간이 없
으니 요약해 달라고 하였고, 신하는 그 책을 한 장으로 요약했다. 왕
은 그래도 많다며 더 줄여 달라고 졸랐다. 신하는 세상의 지혜를 단
한 문장으로 정리해서 말했다. '세상에 공짜는 없다.'

 '세상에 공짜는 없다'라는 문장을 일종의 공리라고 하자. 여기에
두 번째 공리를 보태라고 한다면 당신은 무슨 말을 더하겠는가?

 조직의 변화를 만드는 일을 하다 보니 반복적으로 경험하는 것이
있다. 조직의 소유자는 변화에 적극적이지만 구성원들은 보편적으
로 소극적이다. 모난 돌이 정 맞는다는 말을 방패 삼아 둥글둥글하
게 협조하는 듯하지만 사실상 별로 협조하지 않는다. 이것은 너무도
당연한 현상이다. 누군가가 나에게 기존 계약에 무엇을 추가하여 다
른 것을 요구한다면 기분 좋게 응하기란 쉽지 않다.

 상대를 움직이려고 하면서 정작 내가 원하는 것만을 바라보고 얻
기 위해 열심을 내서는 결과가 좋지 않다. 상대가 얻는 것이 있는지,
있다면 무엇인지를 고려해야 한다. 입바른 말로야 당신이 얻는 것이
많다고 설명할 수 있으나 진짜로 무엇을 얻게 될지 보여 주어야 한
다. 외상으로 물건을 사고 갚는 것을 차일피일 미루면 신용이 떨어
진다.

성찰을 통해 함께 성장하기

어디서나 환영받는 사람들은 상대방이 무엇인가를 얻도록 배려하는 것을 중요하게 여긴다. 얼마 전, 리더십 교육을 진행한 유명한 외국계 기업에서 들은 경영철학에 '우리는 직원의 성과에 보답한다'라는 설명이 인상 깊었다.

권리를 위해 싸우는 사람들을 응원한다

권리를 위해 싸우는 사람들은 대부분 약자이다. 강자들은 이미 권리를 누리고 있고 더 잘 누리기 위해서 매우 지혜롭게 시스템을 구성하고 운영한다. 권리를 위해 강자들과 싸운다는 표현은 적절하지 않다. 애초에 싸움이 되지 않기 때문이다. 그럼에도 '싸운다'라는 말을 쓰는 것은 노무현 대통령이 연설 중에 인용한 어머니가 해주신 말씀 "이놈아. 계란으로 바위 치기다"일지는 몰라도 계란을 던지는 사람은 처절하고 절실하기 때문이다.

내가 싸우는 이들을 응원하는 것은 맞지만, 그들의 모든 주장에 동의한다는 뜻은 절대로 아니다. 진보 진영에 속한 다양한 단체의 주장을 듣다가 나의 가치관과 신념 또는 논리와 부딪친다는 느낌을 받은 적이 꽤 있다. 그러나 나와 신념이 다르다고 해서 그들이 자신의 가치관과 삶의 방식 등으로 인해 불이익을 받는 것에는 단호히 저항한다.

연석 효과라는 용어를 처음 읽었을 때 배우는 바가 많았다. 연석은 차가 다니는 차도와 사람이 다니는 인도를 구분하기 위해 설치한다. 연석 덕분에 인도가 차도보다 높아 보행자는 차량으로부터 보호를 받는다. 만일 연석이 없다면 차가 인도로 침범하는 사고가 날 때 다치는 사람이 상당히 증가할 것이다.

그런데 보행자 보호 장치인 연석이 휠체어를 타고 이동하는 이들에게는 자력으로는 오르기 불가능한 절벽이다. 1970년대에 미국에서 연석을 깨부수거나 시멘트를 부어서 경사로를 만드는 등의 저항이 있었다. 이들의 노력으로 지금의 연석 경사로가 만들어졌다. 사실 횡단보도 등에 연석 경사로가 설치된 이후 제일 혜택을 많이 보는 사람들은 휠체어를 타고 이동하는 이들이 아니다. 모든 보행자, 자전거 이용자, 바퀴 달린 큰 가방을 끌고 급히 걸어가는 누군가 등이라고 해야 한다. 약자를 배려하면 그 혜택은 모든 사람이 누린다. 오히려 더 많이 누린다.

1993년에 처음으로 미국 여행을 갔다. 뉴욕에 들러서 길을 걸어다니고, 도서관이며 미술관이며 개방된 멋진 공간들에는 모두 들어가 보려 했던 기억이 난다. 아마도 뉴욕시립도서관일 텐데, 책을 한 권 읽는 추억을 만들고자 들어갔다가 거기에서 동성애 권리 옹호 부스를 만났다. 엄청난 충격이었다. 그때는 도무지 이해할 수 없었는데 지금은 조금 다른 시각을 가지게 되었다.

나는 세상이 발전하고 있다고 믿는다. 그렇게 생각하는 근거는 개인으로 독립하여 사는 사람들이 가파르게 증가하는 현상이다. 이러

성찰을 통해 함께 성장하기

한 변화의 이유는 다양한 요인을 고려해서 해석해야겠지만, 그저 한 개인이 독립하여 살 수 있을 만큼 안전한 세상이 되어 가고 있다는 관점에서, 세상이 살 만한 세상으로 발전하고 있다고 알려 주는 증거로 받아들인다. 흥미로운 지표와 통계를 소개하는 《팩트풀니스》에서 한스 로슬링과 동료 저자들은 극빈층의 변화 추세, 예방 접종 비율, 세계 인구의 선진국 비율 등의 설득력 있는 통계를 토대로 세상이 인권과 삶의 질적인 측면에서 발전하고 있다고 주장한다.

지금 우리가 당연하게 여기는 권리들, 너무도 자연스러워서 그것을 권리라고 말하는 것이 이상할 정도의 관습이나 제도 혹은 사회 간접 자본 등은 누군가의 오랜 그리고 처절했던 싸움 덕분에 만들어졌다. 그리고 역사는 그 누군가가 그 시대의 약자들이었다고 말한다.

그런데 지금 사회를 가만히 들여다보면 약자를 배려하는 것이 내가 가진 것을 나누는 제로섬 게임과도 같은 것이라고 믿는 관점이 꽤 강한 것 같다. 내가 풍요롭지 않은데, 그나마 넉넉하지도 않게 있는 것을 누군가와 나눠야 한다고 생각한다면 분명히 나누기가 쉽지 않다. 나누어 달라고 목소리를 높이는 사람들을 미워하게 될지도 모른다.

과연 약자의 권리를 보호하는 행위가 지금 내가 누리는 권리를 나누어 주어 나를 빈곤하게 만드는 것일까? 처음으로 돌아가서, 장애인의 이동권을 보장하라고 힘겨운 싸움을 싸우는 그들의 주장대로 모든 지하철역에 엘리베이터가 설치된다면, 과연 그 혜택을 누가 제

마음의 레버리지

일 많이 누릴까? 장애인들일까, 아니면 거동이 조금 불편하신 어르신들일까, 무거운 가방을 들고 계단을 오르거나 내려가야 하는 여행객일까?

조금 거창하지만, 드라마 〈미스터 션샤인〉에서 게이샤로 위장한 의병이 일본군에게 발각되자 고애신이 그 여인을 구하려 나서며 한 멋진 대사 "저 여인을 구해야 하오. 어느 날엔가 내가 저 여인이 될 수도 있으니까."처럼 서로를 지키고 응원하는 사회가 되기를 소망한다.

기업이 직원의 인생 목적을 챙기는 이유

신임 팀장 혹은 부서장을 위한 리더십 개발 훈련이나 코칭을 진행할 때, 커리큘럼 초반에서 중요하게 다루어지는 주제에는 개인의 핵심 가치, 삶의 목적과 비전이 포함된다.

과거와는 달리 요즘 직원들은 회사를 그리 애정하지 않는다. 소위 조직에 충성하지 않는다. 단편적으로 보여 주는 지표는 이직률 또는 몇 년 주기로 직장을 바꾸는 것을 추천하는 경력 관리 전략이다. 그래서 직원을 교육하고 훈련하는 데 들이던 노력과 투자를 축소하는 기업이 꽤 많다. 조직 충성도를 중요하게 여기던 예전에는 대규모 신입 사원 채용을 선호했는데, 지금은 유능하고 준비된 인재, 즉시 업무 현장에서 몸값을 제대로 해낼 경력 직원을 채용하는 데 더 신경을 쓴다.

현실이 이러할진대 기업 교육에서 개인의 핵심 가치 내지는 인생의 목적 등에 관심을 기울이는 것이 이상하게 보였다. 회사와 직원 관계의 본질은 그저 계약 아닌가! 나는 나를 좀 더 알아주고 잘 대우해 주는 곳을 선택한 것이고, 그리고 적어도 내가 받은 대우 이상으로, 즉 계약 당사자가 기대한 결과 이상을 제공해 주어서 서로가 만족하면 되는 것이 아닌가. 그리고 필요에 따라서 계약을 갱신하거나 종료하면 되지 않은가. 그것이면 충분할 것 같은데 기업이 왜 직원의 인생 목적에 관심을 가지고 질문하는지 궁금해졌다.

직장과 기업에서 우리가 경험하고 있는 변화들은 본질을 바꾸는 것이 아니라 오히려 본질을 찾아가게 하는 것이다. 기업의 가장 중요한 자산은 사람이다. 좋은 사람 없이 좋은 성과를 창출하지 못한다.

여러 기업을 넘나드는 경력 관리 방식은 즉각적이고 실제적인 조직사회화를 중요하게 한다. 조직사회화란 새로운 구성원이 한 팀원으로 융합되고 기능하게 되는 것을 말하는 것으로 상호의존성과 관련이 많다. 그리고 상호의존성의 바탕은 자율성 혹은 독립성이다. 개인 즉 나 자신이 바로 서 있지 못하면, 다른 사람들과 건강하고 효과적으로 연대할 수 없다.

요즘 기업들은 직원들에게 조직에 충성하는 우리 사람이 되라고 요구하지 않는다. 그것은 망하는 지름길이기 때문이다. 지금의 사회에서는 다양성이 너무도 중요해졌고, 앞으로 더욱 그러할 것이다. 이것이 옳은 방향이고 발전하는 방향이기 때문이다. 기업이 직원에게

마음의 레버리지

바라는 바는 직원 자신이 기업 역량의 빠진 고리를 채우는 좋은 인재임을 증명하는 것이다. 그리고 좋은 인재의 바탕은 좋은 사람이다.

가장 진화된 조직은 진심으로 구성원 개인이 자율적인 존재가 되기를 기대한다. 스티브 잡스가 '최고의 인재는 일을 시킬 필요가 없는 사람'이라고 한 발언과 통한다. 조직은 그런 사람들이 떠나지 않고 그 조직에서 자신들의 꿈을 실현하기를 응원한다. 그리고 그것이 조직도 성공하는 방식임을 알고 있다. 첨단 조직은 구성원의 꿈을 응원하는 후원자 역할을 자처한다.

DEI(Diversity, Equity & Inclusion)의 가치

적응력이 뛰어나고 주도적으로 변화를 만들어 갈 수 있는 지속 가능한 조직은 어떤 특성을 가질까? 우리는 이 질문의 답을 알고 있다. 다만 땅과 하늘이 먼 것처럼 그 답을 구현하는 일이 쉽지 않으니 영속하는 조직을 만나기 어려울 뿐이다.

알려진 답 중의 하나는, 다양한 특성을 가진 사람들이 구성원으로 함께하며, 조직 운영 방식이 평등의 원칙을 구현하고, 제도와 구성원들의 인식이 포용적이라는 점이다. 다양성, 평등성, 포용성 즉 DEI는 우리가 추구하는 건강한 조직의 중요한 면모를 보여 준다. 그리고 이것은 현대 조직 경영 전략의 중요한 기초를 형성한다.

DEI는 문학이 추구하는 과업이기도 하다. 장영희 교수는《문학의 숲을 거닐다》서문에서 문학에 관해 다음과 같은 말을 하였다.

"형형색색으로 다르게 생긴 수십억의 사람들이 서로 부대끼고 자리싸움하며 살아가는 이 세상에서 인간적 보편성을 찾아 어떻게 다른 사람을 이해하고 궁극적으로 화합하고 사랑하며 살아가는가를 가르치는 것이야말로 문학의 과업이다."

이익을 위해서 얼마든지 냉정할 수 있는 기업이 주창하는 DEI가 문학에서 말하는 그러한 사회의 모습과 비슷하기는 할까? 만일 그러하다면 화려한 포장지일 뿐인 DEI가 힘을 발휘할 수 있을까?

'다양성'(Diversity)은 다양한 특성을 가진 사람들로 조직이 구성될 때 조직의 역량이 높아진다는 명제를 강조한다. 우선은 남성과 여성의 균형이 목표일 수 있다. 많이 개선되고 있다지만 여전히 조직의 중요한 지위는 남성이 차지하고 있다. 세대의 다양성은 사람이 나이를 먹고 한 세대가 가고 다음 세대가 오기 때문에 자연스럽게 유지될 것 같지만 건강한 세대의 순환과 균형이 깨어진 조직들도 많다. 가치관, 민족, 국가 등 사람의 정체성을 보여 주는 특성들이 다양하게 조직을 구성하고 협력하도록 하는 것이 다양성이 추구하는 모습이자 목표이다.

'공정성'(Equity)은 다양한 사람들이 그들의 정체성을 형성하는 고유한 특성으로 인해서 차별받지 않는다는 의미이다. 어떤 미션을 실현하기 위해서 사람이 모여서 일을 하는 조직은 운영의 효율성과 효과성을 높이기 위한 관습, 제도, 규칙 등을 가지고 있다. 이러한 모든 의사 결정과 운영의 근간이 되는 원리는 공정이어야 한다. 생존의 역사는 인간의 본능에 집단의식을 새겼고, 아이러니하게도 다름을 부정하는 조직과 사회는 스스로 부패하는 경향이 있다. 공정이 이를 막아 낸다.

'포용성'(Inclusion)은 다양성과 평등성이 뿌리를 내리고 건강하게 자라서 열매를 맺도록 도와주는 토양 역할을 한다. 다양성과 공정성만이 강조된다면, 공정은 강자를 위한 평등의 논리로 변질되어 조직은 조만간 다양성을 잃어버리고 획일화되며 서서히 적응력을 잃어버리고 활력을 잃을 것이다. 조직을 기계론적으로 바라본다면 포용성이 중요하지 않을 수 있다. 그러나 조직은 그렇지 않다. 가장 진화한 조직은 성숙한 인격을 가지고 있으며 포용성이 여기에 해당한다.

그러면 기업이 경영 전략으로서 추구하는 DEI는 문학의 과업이 말하는, 형형색색으로 다르게 생긴 사람들이 서로 화합하며 사랑하며 살아가는 모습과 무엇이 같고 어떻게 다를까? 이것은 선택의 문제이지 정답의 문제는 아닌 것 같다. 인간의 위대한 정신과 그것을 추구하는 문학적 이상이 이익을 최우선으로 추구하는 기업에서 구현되는 질서를 견인한다는 것은 기업가 정신이 증명해 왔다. 왜냐하면 기업은 곧 사람이기 때문이다.

성찰을 통해 함께 성장하기

조직 관리의 기술

자유와 연대는 공존할 수 있나?

직장에서 승진하여 매니저가 되면, 다른 사람이 업무를 잘 수행하도록 돕는 것은 기본이고 성장할 수 있도록 이끌 책임을 지게 된다. 자기의 성과와 성장을 책임지기도 어려운 일인데 다른 사람까지 책임을 갖는 것은 여간 부담스럽고 어려운 일이 아니다.

연구에 따르면, 실무자로서 능력을 인정받아서 관리자(people leader)가 된 사람들의 80퍼센트가 업무를 수행하는 실무 능력이 부족해서가 아니라 다른 사람을 이끄는 능력이 부족해서 어려움을 경험한다. 그래서 처음으로 관리자가 된 사람들의 리더십 개발을 위해 교육 기회를 제공하는 것은 조직의 성공에 무척 중요하다.

리더십 교육 초기에 다루는 중요한 주제는 핵심 가치이다. 가치는

마음의 레버리지

우리가 소중하게 여기는 것을 말한다. 무엇을 소중히 여기기에 어떤 선택과 행동을 하고 싶은지에 관한 욕구이자 신념이다. 문서나 말이 아니라 선택과 행동을 보면 그 사람과 조직이 어떤 핵심 가치를 가졌는지 알 수 있다. 가치는 행동에 영향을 미치고, 행동은 결과에 직접적인 영향을 미친다. 따라서 상황에 적합하지 않은 가치를 오랫동안 고집하거나 가치가 균형을 깨뜨리는 방식으로 발휘됐다면 개인과 조직의 웰빙에 치명적인 타격을 준다.

학교를 졸업하고 처음 직장 생활을 하던 시절에, 자유를 중시하던 나는 직장에 얽매이는 것이 몹시도 어려웠다. 나를 보면서 스스로 '이렇게 시들어 가는구나' 생각하며 걸었던 출근길이 지금도 기억에 생생하다. 결국 먹고사는 문제에 대한 별다른 대책도 세우지 않고 직장을 나와서 대학원에 진학하였고, 결혼하여 가정을 꾸린 이후로도 고정된 월급을 받는 일자리가 아니라 성과에 직접적으로 연동되어 수당을 받는 프리랜서와 유사한 일자리를 고집했다.

매출액의 얼마를 커미션으로 주는 조직에서 관리자의 역할을 한 시기가 있었다. 내가 자율이라는 가치를 중시한다고 명확히 인식하지는 못했지만, 자율을 중시하던 나는 자연스레 그런 방식으로 사람과 업무를 관리하였다. 자율은 자기의 선택을 중시하고 결과에 대해 책임지는 것이다. 그런데 이러한 취지가 어떤 사람들에게는 왜곡되어 전달되었다. 일부의 구성원들은 조직이 직원을 보살피지 않는다고 생각했고, 심지어는 직원을 이용한다고도 생각했다.

가치(value)는 우리가 가치 있게 여기는 것인데 신기하게도 가치 자체는 가치 중립적이다. 내가 소망하고 높이 평가하는 행동 방식일 뿐이지 타인에게도 그러하지는 않기 때문이다. 대부분 도구가 그러하듯이 잘 사용하면 약이 되고 잘못 사용하면 독이 된다. 리더가 된 사람은 자기의 행동이 다른 사람에게 미치는 영향력이 커졌으므로 자기 행동의 동력이 되는 자기의 핵심 가치에 대한 자기 인식을 높여야 한다. 특히 무엇을 강조하기 때문에 다른 무엇이 소홀히 취급되고 균형이 깨어지는 일이 발생하지 않도록 주의해야 한다.

자유를 소중히 여기는 나는 그 유익을 많이 누리지만 그에 따라 치러야 하는 대가라 할 수 있는 외로움과 충격에 대해서는 늘 취약성을 지니고 산다. 무리를 떠난 늑대의 운명이겠다. 이 비용이 너무 과하다고 느껴져서 연대를 추구한 적이 있다. 준비되지 않은 상태에서 추구한 전환이었기에 처참한 실패를 경험했다. 연대는 매우 소중한 가치임엔 틀림없지만 그 가치를 실천하고 연대의 유익을 얻기 위해 지불해야 하는 비용은 상당했다.

자유와 연대는 공존할 수 있을까? 아니 공존해야 하는 것일까? 이런 생각은 실패에 뒤이은 자연스러운 성찰이었다. 연대를 추구하다 보면 연대하기 전에는 느끼지 못했던, 느낄 필요가 없었던 다른 사람들의 행동에 대한 불편감과 비판의식이 높아진다. 자유를 중시하면 할수록 연대하자는 사람들의 요구가 거추장스럽기만 하다. 하지만 자유는 매우 소중한 가치이기에 자유를 지키고 누리기 위해서 우리는 서로 연대해야 한다. 더불어 산다는 의미의 연대는 우리를 더 연결되게 하고 더 안전하게 하고 더 큰 일을 추구하게 한다. 역설적이게도 그 소중한 연대를 강력하게 하려면 구성원들의 자유가 보장되어야 한다.

리더는 자기의 핵심 가치가 무엇인지, 그것을 어떻게 발휘하여 지금의 상황적 요구에 조화롭게 사용할 수 있을지에 대한 자기 인식을 높여야 한다. 그리고 서로 충돌할 수 있는 가치들이 서로를 해치는 것이 아니라 서로를 지탱하는 방식으로 작동하게 할 수 있는지에 대한 현명한 고민과 전략이 필요하다.

동기 부여 스킬

우리는 누군가에게 동기를 부여할 수 있을까? 수학 공부를 싫어하는 자녀가 있다고 하자. 도대체 어떻게 해야 그 아이가 수학 공부를 열심히 하게 될까? 마감 기한을 맞추어 제출했을 뿐 치열하게 고민한 흔적이라고는 찾아보기 어려운 수준으로 보고서를 작성한 팀원에게 도대체 어떻게 해야 업무 태도를 바꾸게 할 수 있을까? 만일 누군가의 행동이 당신의 기대 수준과 다르고 그것을 그대로 방치할 수 없으며 긍정적인 방향으로 변화시켜야 한다면, 당신은 동기 부여의 방법에 대해서 진지하게 고민해 보았을 것이다.

우리는 어떤 상황이 있을 때 그에 대한 우리의 상호작용 방식을 바꿈으로써 영향을 미칠 수 있다. 그런 상호작용 방식은 우리의 확신에 큰 영향을 받는다. 기본적이며 강력한 동기 부여 방법 두 가지 소개하려고 하는데, 두 방법 모두 우리의 확신과 관련이 있다.

첫째는 내가 누군가에게 동기를 부여할 수 있다는 확신을 버리는 것이다. 동기 부여는 그 속성상 자발성을 전제로 한다. 그러니 팀원의 행동에 대한 책임감을 조금 내려놓고 한 걸음 물러나서 조망해 보기를 권한다. 각자 행동에 대한 책임은 자신들에게 있는 법이다. 부모도 자식을 어찌할 수 없는데 팀장이 팀원을 어찌하겠는가? 하지만 놀랍게도 이런 무책임한 여유를 가질 때에 오히려 문제가 풀리는 실마리를 얻는다.

둘째는 하기 싫어서 안 한다는 확신에 의문을 가지는 것이다. 일하기 싫은 이유는 대개 업무가 어렵기 때문이다. 무엇을 어떻게 해야 하는지 잘 모르기에 자신감이 떨어지고 흥미도 사라진다. 우리는 수행해야 할 일이 가치가 있고 그것을 할 수 있다는 자신감이 있을 때 하려는 동기가 상승한다. 팀장의 큰 책무는 이 두 가지 주제에 대해서 팀원에게 코칭 또는 컨설팅을 제공하는 일이다. 그러니 지금 무엇을 왜 그리고 어떻게 해야 하는지에 관해서 쌍방향 대화를 나누어 보라.

잘 수립된 OKR이 가져오는 변화

빠르게 변화하는 세상에 대응하려면 대응의 변화도 빨라야 한다. 그래서 기업들은 수직적인 명령과 통제 중심의 경영에서 탈피하여 전략 실행 단위에 의사 결정을 위임하는 자율 중심의 경영 체계를 구축해 왔다. 대표적인 제도가 현대 경영학의 아버지라 불리는 피터 드러커(Peter Drucker)가 심리학의 목표 설정 이론을 토대로 개발한 MBO(Management By Objective), 즉 '목표에 의한 경영 기법'이다. 드러커는 목표를 합의하고 실행 방법은 현장에 위임하여 현장의 변화 대응력과 책임감을 향상할 것을 제안하였다.

그리고 2000년대 이후 기업은 연간 단위로 관리하던 MBO 방식의 성과 관리 제도를 분기 내지는 월 단위의 단기로 설정하는 OKR(Objective & Key Results) 방식으로 전환하고 있다. OKR은 인텔의 전설적인 CEO 앤디 그로브에 의해서 시작되었고 구글이 채택하면서 지금은 국내 기업들도 적극적으로 도입하고 있는 성과 관리 기법이다. MBO이든 OKR이든 사실상 목표를 설정하는 기법 면에서는 차이가 없다. 방법의 변화는 중요하지 않다. 핵심은 인식과 스킬과 문화의 변화이다. 지속적인 성과 관리로 전환하면서 OKR을 도입했다면 다음의 변화가 체감되는지 점검해 볼 필요가 있다. 새로 도입한 제도가 잘 작동하고 있는지를 알려 주는 심리적 측정 지표가 될 수 있다.

첫째, 성과 책임감과 몰입의 증가이다. 구체적이고 도전적인 목표가 설정되면, 진공과 같은 흡입력 즉 몰입이 발생한다. OKR에 기술된 원하는 상태와 현재의 상태 간의 간격은 일종의 진공이므로, 잘 작성된 OKR은 그 진공의 간격을 줄이려는 강력한 흡입력을 발생시킨다. 업무 공간 벽에 붙어 있는 목표 수치와 현재 수치를 알려 주는 전광판은 팀 전체의 몰입을 견인한다. 달성하고자 하는 강력한 동기부여가 생기는 것이다.

둘째, 소통의 빈도와 협업 수준 향상이다. 지시받은 목표가 아니라 자기 일치 목표가 설정되면, 구성원 간에 소통과 협업이 활발히 촉진된다. 목표 소유자는 그저 기다리지 않고 대신에 목표를 달성하기 위해서 주도적으로 대화하고 필요한 자원을 확보하기 위해 노력한다. 시간 관리의 숨겨진 강력한 비결은 타인의 도움을 받는 것이다. 혼자 떠안고 있으면 2~3일 걸리던 과업도 적절한 사람의 도움을 받으면 몇 시간 안에 해결되기도 한다. 그렇기 때문에 목표 달성에 절박한 사람은 누가 요청하지도 않아도 적극적으로 주변 사람들에게 진행 상황을 공유하고 도움을 청한다.

셋째, 설정한 OKR을 어느 정도 달성하였는지 스스로 평가하는 분위기의 조성이다. 평가의 위력은 타인에게서가 아니라 자기를 스스로 돌아볼 때 발생한다. 그래야 학습과 변화가 촉진된다. 다만 스스로 돌아보는 일이 어려우니, 그것을 돕기 위해서 타인 즉 상사 또는 동료가 질문하는 역할을 해주면 좋다. 나름대로 열심히 일을 하고는 숙제 검사를 받듯이 잘했는지 못했는지 평가받는 형식의 대화는 서

268
마음의 레버리지

로가 불편하고 개선에도 큰 도움이 되지 않는다.

OKR을 도입하여 운영하기 위해서는 꼭 실행하면 좋은 몇 개의 필수적인 절차가 있다. 그중 중요한 것이 분기 초에 분기 OKR을 설정하고 공유하는 것, 그리고 분기 말에 우리가 어느 정도나 달성하였는지 확인하고 스스로 평가하는 시간을 갖는 것이다. OKR을 달성하기 위해서 과정에서 서로가 보여 준 열심과 수고를 축하하는 활동을 하는 시간 말이다. 이런 매듭은 구성원들의 마음을 새롭게 만들어 준다.

이러한 움직임이 관찰되지 않는다면, OKR을 도입했다 하더라도 다른 형식과 용어를 사용할 뿐이지 예전과 비슷비슷한 성과 관리 제도를 운용하는 것이다.

리더십과 팔로어십의 상호작용

당신이 프로젝트 또는 팀을 이끌고 있다면, 당신이 주재하는 회의 시간에 직원들이 즐거워하고 활발하게 의견을 개진하며 토론하기를 기대할 것이다. 하지만 그런 회의 분위기를 만들기 위해서 무척 노력하고 있음에도 불구하고 쉽지 않다는 것을 경험하며, 팀원들이 좀 더 적극적으로 의견을 말해 주면 좋을 텐데 하는 아쉬움을 토로한 적도 있을 것이다. 물론 회의 시간에 발언을 독점하고 참가자들은 조용히 받아 적는 분위기를 조성하는 리더들도 있다. 그렇지만 그들조차도 적어도 표면적으로는 논의가 활발한 분위기를 좋아한다고 말한다.

팀으로 업무나 과제를 수행할 때 리더십이 주도권을 가진다는 암묵적인 전제가 있다. 이 전제에 관해 변명하거나 불평하지 않는다. 결과에 구성원들이 미치는 영향이 적을 수는 없겠으나 리더가 달라지면 결과가 달라진다는 통념이 지배적이다. 그러다 보니 리더십에서는 대개 팀장의 역할과 책임이 강조되고 리더십의 작동에 대한 팀원의 역할과 책임은 상대적으로 조명하지 않는다.

그러나 이런 인식은 변화가 적고 수직적인 조직 체계가 우월했던 시절에 통하던 관점이다. 개인의 존엄성, 개성, 권리가 더욱 존중되면서 세상은 더욱 다양해지고 있고, 과학기술이 만드는 산업의 혁신이 세상의 복잡성과 가변성을 가속하는 현재와 미래에는 일방의 리더십으로 작동하는 시스템의 효과는 떨어지고 더는 환영받지 못한다. 사실상 팔로어십과 리더십의 상호작용 없이 조직 환경에서 리더십이 작동하기 어렵다.

팀워크를 작동하게 하는 리더십은 일종의 프로세스와 같아서, 팀의 리더가 해야 할 역할이 있는 것처럼 당연히 팀원이 담당해야 하는 역할과 책임이 있다. 팀장의 역할을 리더십이라 하고 팀원의 역할을 팔로어십이라 부르면, 팀워크는 리더십과 팔로어십의 조화로운 상호작용을 통해서 작동한다. 상호작용은 쌍방이 서로의 역할과 책임을 제대로 수행하면서 조화를 이룬다는 의미이다. 한 편은 잘하

마음의 레버리지

는데 다른 한 편은 잘못한다면 작동하지 않는다.

리더의 역할은 감독하고 통제하는 것이 아니고 돕는 것이며, 나를 위해 팀원이 있는 것이 아니라 팀원과 팀을 위해 자신이 존재한다는 마인드셋을 가질 필요가 있다. 그리고 언제든지 팀원들을 도와줄 의지를 가지고 다가가서 진행 상황을 확인하고 적시에 적절한 지원을 제공해야 한다. 하지만 이러한 리더의 주도적인 지원 중심의 관리 활동은 구성원에게 부담스러운 간섭과 통제로 느껴지기 쉽다. 게다가 정해진 업무 공간에서 근무해야 한다는 통념은 이미 옛것이 되었고, 가장 효과적이고 효율적으로 일할 수 있는 공간에서 작업한다는 유연성이 대세가 되었다. 그래서 팀원과 물리적으로 떨어져 있는 경우도 많기에 팀원이 요청하기 전에는 무엇을 어떻게 도와야 할지 모르는 경우가 늘고 있다.

리더가 경험하는 딜레마를 해결하고 팀워크가 작동되기 위해서는 구성원의 팔로어십 발휘가 중요하다. 팔로어십을 발휘하는 팀원의 대표적인 행동은 주도적인 소통이다. 그들은 자신에게 맡겨진 과제의 목표와 수행 방법에 대하여 리더의 생각을 이해하려고 적극적으로 질문하고 경청한다. 그리고 기대되는 결과를 달성하기 위해 과제를 수행하는 과정에서 자신에게 필요한 자원이 무엇인지 리더와 솔직하게 소통하고 요청하여 적극적으로 리더의 지원을 얻는다. 부여받은 과제와 결과에 대한 심리적 소유권을 가지고 있기에, 해야 할 업무와 활동 목록을 설명하고 있는 직무 기술서에 정의되어 있는 역

271

조직 관리의 기술

할을 수동적으로 수행하는 정도로는 스스로 만족하지 못한다.

팀원들이 리더에게 먼저 찾아와서 과제의 진행 상황을 보고하거나 의논이 필요한 부분을 상세히 소통하면서 적극적으로 리더의 개입과 도움을 환영한다면, 팀워크가 제대로 작동한다는 확실한 징표라 할 수 있다.

평가 대신 성찰하는 조직

분기 평가의 효용

연말 또는 연초에 진행하는 업적 평가는 1년을 돌아보아야 하니, 아무래도 평가해야 할 내용이 많고 상반기의 일들은 기억에서 멀어져 있다. 그러다 보니 평가의 정확도가 떨어지고 실질적으로 내일을 준비하는 데 도움이 되는 평가를 진행하기가 어렵다. 반면에 분기 즉 3개월을 뒤돌아보는 평가는 상대적으로 평가해야 할 내용이 적고 기억도 살아 있으며, 무엇보다도 현재의 전략을 강화하거나 수정하는 등 즉각적으로 반영할 수 있는 논의가 가능하기에 실질적이다.

팀장이 주도하는 평가 워크숍에 코치로 참여하여 관찰한 경험으로 알게 된 것은, 거의 모든 사람이 평가를 달가워하지 않는다는 사실이다. 팀 워크숍 방식으로 진행하는 분기 평가는 다른 누구로부터 평가를 받는 것이 아니라 팀 자체적으로 진행하는 자기 피드백 형식으로 운영된다. 그럼에도 평가 워크숍에 참여하는 팀원들의 인식과 태도에는 방어적인 태도와 거부감이 느껴진다.

평가에는 크게 두 가지의 목적이 있다. 하나는 논공행상이다. 정확하고 공정한 논공행상이 이루어지지 않는 조직에서 충성스럽게 오래 근무할 사람은 없다. 굳이 심리학적 연구 결과를 인용할 필요도 없다. 논공행상을 제대로 진행하여 조직에 공헌한 사람들을 칭찬하고 그들의 노고에 마땅히 보답해야 한다. 그러기 위해서는 평가자의 기억이나 선호에 따라 평가하는 평가자 오류를 경계하고 방지해야 한다. 과학적이고 증거에 기반한 평가 제도와 절차와 도구를 사용해야 함은 당연하다.

평가의 또 다른 목적은 성찰이다. 또 다른 목적이라는 표현보다는 본질적인 목적이라고 강조하고 싶다. 성찰은 자기를 돌아보는 메타 인지 활동이다. 환경 변화는 우리가 어찌할 수 없는 영역이며 우리는 우리 자신을 변화시킬 수 있을 뿐이다. 우리의 대응 효과성을 높이려는 자기 조절 노력이 바로 성찰이다. 프로페셔널 직군에 속한 사람들은 성찰을 통한 학습과 자기 조절 활동에 상당한 노력과 시간을 투자한다. 의사들이 그러하고, 프로 야구선수 혹은 프로 골퍼 혹은 영화배우 혹은 펀드 매니저 같은 사람들은 자기와 팀의 판단과 수행 효과성에 대해 주기적으로 심도 있는 성찰적 평가를 진행한다.

분기 평가에서 논공행상을 논하기는 적절하지 않다. 대신에 서로 수고와 성과를 인정하고 감사를 표하는 시간을 가지면 좋겠다. 평가 시간이 아니라 성찰하고 학습하는 활동으로 발전적으로 진행될 수만 있다면 팀 전체가 얻는 이익은 상당하다. 그렇게 주기적으로 스스로 성찰하여 인식과 수행을 변화시키는 팀의 사례를, 가깝게는 축구와 야구 등 팀으로 진행되는 스포츠에서 쉽게 접할 수 있다. 작전을 수립하고, 완벽하게 작전을 수행하기 위해 땀흘려 연습하고, 실전 경기에서 적응적으로 작전을 활용하여 경기를 펼쳐나가고, 경기 종료 후에는 심도 있는 분석과 토론을 통해 통찰을 얻고 다음 경기를 준비한다. 수고한 동료에게 격려하고 칭찬하며 할 수 있다는 분위기를 고조하는 것도 놓치지 않는다.

평가하지 말고 성찰하자

만일 하루, 일주일, 월, 분기, 년이라는 시간의 매듭이 없다면 우리의 삶은 어떠할까? 시작도 끝도 없이 평생 시간을 구분하지 않고 살아간다? 상상하는 것만으로도 그 아득함에 숨이 막힌다. 연말이 있어서 1년의 시간을 마무리할 수가 있으니 고맙다. 잘한 일도 있고 못한 일도 있겠다. 고맙거나 아쉽거나 화나는 일도 있었겠지만, 지금까지의 일을 매듭짓고 새로운 마음으로 오는 시간을 맞이해야 하는 때이기 때문이다.

지혜로운 사람은 시간에 매듭을 짓는 법을 안다. 내일 뜨는 해가

평가 대신 성찰하는 조직

오늘 보았던 해와 무엇이 다르겠냐마는 세상에 같은 것은 없는 법이다. 내년이라고 해서 올해를 없었던 일로 초기화하고 백지에서부터 새로 시작할 수도 없다. 그대로 이어받아 아무것도 달라진 것 없는 냉정한 현실을 직면하며 살아야만 한다. 그러나 인생이라는 큰 덩어리를 통째로 다루려고 한다면 그 무게에 짓눌려 헤라클레스라도 얼마 못 가서 지쳐 쓰러지고 말 것이기에, 작게 나누어 매듭을 짓고 지금 현실에 충실해야만 한다.

시간에 매듭을 만드는 관습은 돌아보고, 감사하고, 내다보는 일로 이루어진다. 계획이 미래를 내다보는 활동이라면 평가는 과거를 돌아보고 감사하는 노력이다. 이미 지나간 일이기에 어떻게 하든 되돌릴 수 없는데 굳이 살펴보아서 무슨 의미가 있나 하고 생각할 수 있다. 그래서인지 아무래도 평가는 소홀히 다루어진다. 하지만 역사는 오래된 미래라는 말이 암시하듯이 지나간 어제를 살펴보고 교훈을 얻음으로써 우리는 변화하는 미래에 더욱 잘 대처할 수 있게 된다.

평가는 인기가 없다. 우리에게 불편함을 주기 때문이다. 학기말 시험이 코앞으로 닥친 학생이든, 한 해의 사업 성과에 대한 평가를 대비하는 사업가 혹은 직장인이든, 너나 할 것 없이 평가받는 것을 좋아할 사람은 별로 없을 것 같다. 아무리 평가하는 방법을 개선한다고 해도 평가 그 자체를 좋아하기는 어렵다. 하지만 입에 쓴 약이 몸에 좋다는 말이 있듯이 올바르게 평가하는 법을 알고 적용한다면 좀 더 긍정적인 경험이 될 것이고, 우리를 보다 건강하고 유능하게 만드는 데 활용할 수 있을 것이다. 여기 네 가지 지침을 소개한다.

평가를 잘하기 위한 첫 번째 지침은 평가의 기준을 선정하는 데에 있다. 가장 흔한 실수가 다른 사람과 비교하는 것을 평가의 기준으로 삼는 것이다. 우리는 이러한 평가 방식에 매우 익숙해 있다. 학교에서, 직장에서, 스포츠에서 우리가 늘 보고 경험하는 평가는 다른 사람과 경쟁하는 방식이다. 그런데 이러한 평가는 극히 일부의 사람들에게만 행복감을 주고 다수의 사람을 불행하게 만든다. 서로를 소외시키고 실패감을 주기 때문이다.

우리가 우리의 경영을 평가할 때는 타인의 성과를 나의 평가 기준으로 선택하지 말자. 대신에 내가 수립했던 목표들 혹은 계획들을 평가 기준으로 삼자. 특별히 계획한 것이 없었더라도 좋다. 문서로 작성해 놓은 것이 없더라도 마음속 깊이 어떤 기대하는 바는 있었을 것이다. 자신에게 물어 보라. 내가 올해 기대했던 것들은 무엇이었나?

두 번째, 잘한 것을 찾아보는 긍정의 시각이다. 우리가 흔히 경험하는 평가는 잘못된 것을 찾는 데 중점을 둔다. 건물이 준공되었을 때 하는 준공 검사도 그러하고, 학교에서 시험을 볼 때도 그러하다. 우리가 평가를 본능적으로 거부하는 이유도 여기에 있다. 무엇인가 잘못된 것을 지적받으리라는 긴장감 때문이다. 잘못된 것을 찾아내는 평가도 매우 중요하다. 그래야 사회 시스템이 유지될 테니까. 하지만 우리가 우리의 경영을 평가할 때는 다르게 접근해야 한다. 무엇을 잘했는지를 먼저 찾아보아야 한다. 가장 행복한 경험은 무엇이

평가 대신 성찰하는 조직

었는지, 중요하고 보람된 일들은 무엇이 있었는지를 찾아보아야 한다. 찾다 보면 의외로 많은 것을 발견하게 된다. 사람은 망각의 존재여서 실수와 오류는 아프기에 오래 기억하지만 잘한 일과 감사할 일은 쉽게 잊기 마련이다.

세 번째, 평가 영역에 대한 균형 있는 접근이다. 우리의 인생은 한 가지로 구성되어 있지 않다. 대략만 꼽아 보아도 직장 혹은 사업, 가족 그리고 친구, 몸과 마음의 건강, 여가와 개인만의 시간, 사회적인 관계들과 기여, 학습과 성장, 재정의 건전성 등이 있다. 당신의 인생에서 중요한 영역이 무엇인지 선택해 보라. 선택하는 것 자체로 의미가 있다. 그리고 용기 있게 무엇을 잘하였는지, 감사할 일들이 무엇이 있는지 살펴보라. 절대로 스스로 비난하면서 잘못한 것을 먼저 찾지 말라. 그것은 한 해를 수고한 자신을 칭찬한 후에 비판해도 늦지 않다.

네 번째, 평가 대상이 평가 과정에 대한 주도권을 갖게 한다. 선발을 위해 심사하거나 자격증 주거나 상벌을 주려는 목적이 아니라 경영을 위해서라면, 실행 주체가 평가의 주도권을 행사할 때 평가의 진정한 효과가 생긴다. 평가는 돌이킬 수 없는 어제를 후회하려고 하는 것이 아니다. 돌아보아 얻은 통찰을 활용하여 적극적으로 내일을 계획하기 위한 활동이다. 그러므로 실행의 주체가 자기를 평가하지 않으면 성찰은 작동하지 않는다. 피평가자를 엄하게 평가하면 그들에게 동기 부여가 될 것이라는 어리석은 망상을 버리라.

평가를 잘하고 나면 의욕이 생긴다. 동기 부여가 된다. 반대로 평가를 잘못 하면 오히려 힘이 빠지고 부정적인 태도가 전염된다. 자신감이 사라지고 태도도 방어적으로 변한다. 반면에 평가를 잘하면 배우는 것이 많다. 다음에는 무엇을 어떻게 잘해야겠다는 계획도 생긴다.

평가는 누구에게 받는 것이 아니라 스스로 돌아보는 일이다. 시간의 매듭을 짓고 새롭게 시작하는 지혜로운 관습과 제도와 기술을 길러야 한다.

평가 대신 성찰하는 조직

에필로그

마무리 글은 서재를 벗어나서 써 보자는 마음이 동하여 동네 카페에 왔습니다. 성찰에 대한 사색을 담은 글을 썼기 때문일까요? 자연스레 그 과정과 저를 돌아보게 됩니다. 책을 쓰는 여정은 길고 어려웠습니다. 이제 목적지에 도착하여 한숨 돌리고 땀을 닦으며 역시 깨닫습니다. 여정이 어려울수록 도착의 기쁨은 배가된다는 사실을 말입니다.

성찰하는 목적 중 하나는 감사의 이유를 발견하고 고마움을 표현하기 위해서입니다. 감사하는 시간을 갖는 일은 성찰의 목적이고 방법이며, 얻게 되는 큰 유익입니다.

이 책의 시작은 성찰을 공부하고 연구해 보자는 호기심이 일었던 3년 전입니다. 공부를 하면서 경험하고 깨달은 것은 '공부란 온통 다른 사람들의 도움을 받는 일이다'라는 사실이었습니다. 논문을 찾아 읽으면서 먼저 치열하게 고민하고 연구하여 지식과 지혜를 글로 남겨 주신 분들에게 크게 감사하게 되었습니다. 그들의 지성의 산출물을 거의 값없이 얻어서 읽음으로 큰 산을 넘을 수 있었습니다. 만일 그러한 선행 연구들이 없었다면 도무지 알고 발견하는 것이 가능하기나 했을까 싶은 지식을 단 몇 시간 만에 습득할 수 있었습니다.

눈부시게 발달한 정보 통신 기술과 지식 관리 시스템의 도움이 없었다면 공부와 연구의 시간은 몇 배가 더 늘었을 것입니다. 세상의 모든 지식과 정보에 누구라도 접근할 수 있고 이용할 수 있는 시스템을 구축하기 위해서 애쓰는 기업들과 공부하고 연구할 수 있는 시스템을 갖추고 운영하는 데 기여하는 분들에게 또한 감사합니다.

가장 크게 감사를 드리고 싶은 분은 탁진국 지도 교수입니다. 저는 논문을 작성하면서 지도를 받는다는 것이 무엇인지, 피드백을 받는다는 것이 무엇인지를 새롭게 경험하고 배웠습니다. 회사를 배경으로 만들어진 드라마를 보노라면, 직장 상사의 지도 또는 피드백은 전혀 도움이 되지 않을뿐더러 오히려 낭패가 되는 직장 생활의 고달픔 가운데 하나라는 에피소드로 재생되곤 합니다. 그런 선입견을 저역시 조금은 가지고 있었을 터인데, 논문의 주제를 결정하고 실제로 공부하면서 논문을 작성해 나가는 과정에서 지도 교수의 피드백이 어떻게 올바른 방향을 찾고 글의 품질을 더 좋게 만드는지 너무도 생생하게 경험하였습니다. 얼마간의 글을 작성하고 교수님께 보내드린 후에 교수님의 회신을 받을 때의 그 두근거림이 지금도 느껴집니다. 지적해 주신 내용들은 저의 시각을 고쳐 주셨고, 그렇게 해서 글을 수정하고 나면 조금 더 나은 글로 바뀌는 것을 매번 경험하였습니다. 제자의 글을 읽어 주시고 정교하게 피드백을 해주셨던 교수님께 진심으로 감사드립니다.

글쓰기는 운동과도 유사하여, 즐겁지만 꾸준히 하기는 쉽지 않았습니다. 어려운 일은 함께하면 수월해지고 즐거워지기 마련입니다. 글을 쓰고 밴드 또는 브런치 또는 카톡 등으로 공유하면서 서로의 글을 읽고 댓글을 달아 주는 글쓰기 모임의 글벗들이 정말 큰 힘이 되었습니다. 그들과 함께 뛰지 않았다면 아마도 목표로 삼은 지점까지 뛰지 못하고 중간에 멈추었을는지도 모르겠습니다.

공부하며 사색하며 쓴 글들이 얼마간 분량이 되었을 때, 책으로 엮을 수 있을까 하는 바람이 생겼습니다. 그 바람이 과연 가능한 일인지 고민할 때, 아이디어가 좋다며 쉬운 선택을 하기보다는 자기 자신을 믿고 최고의 선택을 하라고 격려하고 응원해 준 김종철 코치에게 감사합니다.

출판사에서 책을 출판하는 일은 일반 기업이 제품을 만들어 시장에 출시하는 일과 다르지 않습니다. 상당한 노력과 시간과 돈을 써야 하는 투자입니다. 투자 후 수익률을 따져 보지 않을 수 없습니다. 초고를 살펴보고 가능성을 믿어 주고 기꺼이 출판을 맡아 준 옥명호 대표에게 진심으로 감사합니다.

아마도 저의 글을 가장 집중하여 읽은 사람은 편집을 맡은 에디터일 것입니다. 에디터의 논평은 힘이 되기도 했지만, 다소 불편한 감정도 불러일으켰습니다. 하지만 독자의 관점에서 읽으며 잘 이해되지 않는 문장에 관해 질문하고 보강이 필요한 문장을 지적하며 더 나은 글이 되도록 격려해 주었습니다. 확실히 피드백을 받고 적용하는 활동은 품질을 향상합니다. 편집 전문가인 동시에 책을 사랑하는 독자로서 글을 교정하고 아이디어를 제공한 이화정 에디터에게 감사드립니다.

책을 내면서 여러 아쉬움도 있습니다. 하나는 공부한 내용과 자기 성찰적 글 모음 형식으로 책으로 구성하다 보니, 성찰하는 사람들의 생생한 사례와 이야기를 담지 못했다는 점입니다. 다음에는 성찰을 통해 역경에도 불구하고 아름다운 이야기를 창조하고 있는 주변 사람들을 인터뷰하고 연구하여 사례와 이야기 중심의 책을 쓰자 하는 다짐을 합니다.

또 하나의 아쉬움은 성찰하는 조직에 관한 글이 부족하게 구성되었다는 것입니다. 여러 사람이 모여 있는 조직과 기업이 창조적이고 목적적으로 성찰을 운영하는 일은 개인이 성찰을 운용하는 것과는 다른 차원의 일입니다. 사실 기업은 주기적으로 성찰하기 위한 제도와 관행으로 성과 관리와 평가 제도를 이미 가지고 있습니다. 다만 얼마나 효과적이고 창조적으로 운영하고 있느냐의 문제가 남아 있습니다. 다음에는 성찰하는 조직에 관해 이론, 모델, 사례를 충실히 다룬 책을 써야지 하는 다짐으로 또한 아쉬움을 달랩니다.

자기 결정력을 추구하면서도 지혜롭게 함께 걸어가는 삶을 살아가는 분들과 담소를 나누고 싶은 마음이 있습니다. 글을 쓴 사람은 글을 읽는 독자가 가장 고맙기 마련입니다. 저의 글을 읽어 주신 독자들께 머리 숙여 감사드립니다.

마음의 레버리지
: 더 나은 나를 위한 성찰의 기술

ⓒ 김승중, 2024

초판 1쇄 펴냄 2024년 10월 28일

지은이 김승중
펴낸이 옥명호

편집 이화정
디자인 이예은
제작처 예원프린팅

펴낸곳 온기담북
출판등록 2024년 5월 3일 제 2024-000062호
주소 03140 서울시 종로구 삼일대로 428, 5층 500-27호(낙원동, 낙원상가)
전화 02-334-5382 ｜ **팩스** 02-747-9847
이메일 onkeybook@gmail.com

ISBN 979-11-987808-2-9 03180